AF613761

COMPLÉMENT

DU

GUIDE DE LA MÉTHODE

B. WILHEM.

Prix : 50 c.

IMPRIMERIE DE E. DUVERGER,

RUE DE VERNEUIL, 4.

COMPLÉMENT

DU

GUIDE DE LA MÉTHODE

B. WILHEM.

(8e *Édition.*)

DIVISION DES MATIÈRES.

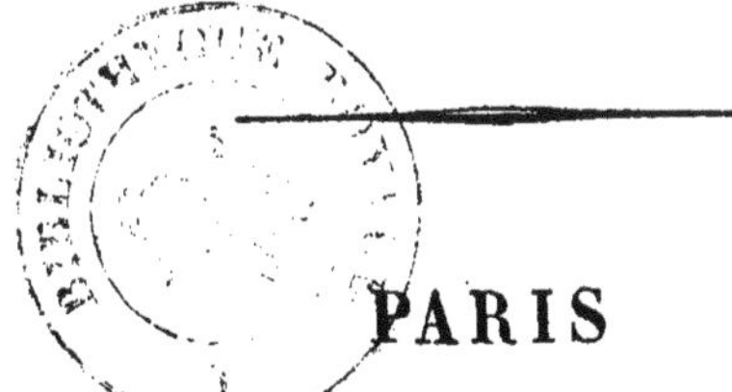

PARIS

LIBRAIRIE MUSICALE DE E. DUVERGER,

RUE RAMEAU, N° 6.

LIBRAIRIE CLASSIQUE DE L. HACHETTE,

RUE PIERRE-SARRAZIN, N° 12.

1835

COMPLÉMENT DU GUIDE.

Ce Complément du *Guide* offre, pour ainsi dire, la philosophie de la méthode: c'est une sorte de compte rendu des motifs qui ont amené l'auteur à adopter telle forme de rédaction et à créer ou à employer telle espèce de procédés. Cependant, outre ces considérations théoriques, il renferme encore quelques enseignements pratiques qui, faute d'espace, n'ont pas pu être consignés sur les tableaux auxquels ils se rapportent.

REMARQUES
SUR LA COMPOSITION DES TABLEAUX
ET
SUR QUELQUES PROCÉDÉS DE LA MÉTHODE.

---

§ 1.

Ier COURS. — TABLEAUX 1 A 42.

TABLEAU 1. — (1re Classe.)

NOTIONS RELATIVES A L'INTONATION.

Escalier-Vocal. — Gamme diatonique solfiée, vocalisée et chantée. — Signes manuels du ton et du demi-ton.

Remarque 1. L'*Escalier-Vocal* a été employé dans la méthode pour rendre sensible à la vue quelques notions abstraites des premiers éléments de la musique, telles que les cinq tons et les deux demi-tons de la gamme diatonique ; les douze demi-tons de la gamme chromatique ; les expressions de *degrés conjoints* (ceux qui se touchent immédiatement), et de *degrés disjoints* (ceux qui sont séparés par un ou plusieurs degrés intermédiaires, comme *do-mi*, séparés par *ré*). Les *signes manuels* ont été imaginés pour rappeler par un signe ostensible la place fixe des deux demi-tons diatoniques *mi-fa*, *si-ut* ou 3-4, 7-8.

Remarque 2. Excepté dans le cours particulier des moniteurs-chefs, les exercices de solmisation du tableau 1 n'ont lieu qu'*au tour de chant* du groupe et ensuite pendant les chants généraux mentionnés page 24. En attendant on lit le texte, on effectue les *signes manuels* du ton et du demi-ton en suivant de l'œil les degrés de l'*Escalier-Vocal*; on demande pourquoi la main *ouverte* en solfiant *do-ré* ou *ré-mi*, pourquoi la main *fermée* en solfiant *mi-fa* ou *si-do*. De cette manière tous les élèves connaissent la signification des *signes manuels*, ce qui est fort important pour la composition subséquente des gammes sur la *main* et sur l'*Indicateur-Vocal*.

Remarque 3. Les notions contenues dans le *tableau* 1 doivent être apprises textuellement; cependant après la *troisième lecture* (avis imprimé sur le tableau 1) on peut passer au *tableau* 2 pour revenir ensuite à ce tableau 1 avant de prendre le tableau 3.

Avis. En général, après l'étude d'un tableau on fera lire attentivement les titres afin de résumer dans l'esprit des élèves les notions qu'il contient. On ne négligera pas non plus, à chaque nouveau tableau, de faire reconnaître aux élèves le numéro d'ordre de leur classe en y rattachant l'idée de l'intervalle spécial qu'on y étudie, comme tableau 8, IIe classe, intervalle de *seconde;* tableau 10, IIIe classe, intervalle de *tierce*, etc.

TABLEAU 2. — (Ire Classe.)

NOTIONS RELATIVES A LA DURÉE.

1. Figures des notes et des silences. — 2. Appellation des figures de notes et de silences.

Point de remarque.

(Voir le premier exercice d'écriture musicale, page 42.)

TABLEAU 3-*A*. — (Ire Classe.)

Grande portée de onze lignes. — Petites portées de cinq lignes. — Diapason des voix. — Les trois clefs.

Remarque 1. Nous avons cru important de donner de prime abord une idée exacte et sensible de la position relative des trois clefs, et de l'étendue vocale du diapason des quatre voix principales, parce qu'il est souvent question de ces clefs et de ces voix à propos des chants à plusieurs *parties* auxquels les élèves de la méthode sont appelés à prendre part.

Remarque 2. Pour le cours des moniteurs et pour d'autres cas particuliers, voici l'indication d'un exercice vocal propre à rendre facilement appréciable la différence d'octave qui existe entre les sons graves de la voix de femme ou d'enfant et ceux de la voix d'homme.

(1° Tracer cet exemple à la craie sur un tableau noir.
2° Suivre avec une baguette les notes dont il sera question dans l'expérience.)

Voix de femme ou d'enfant.

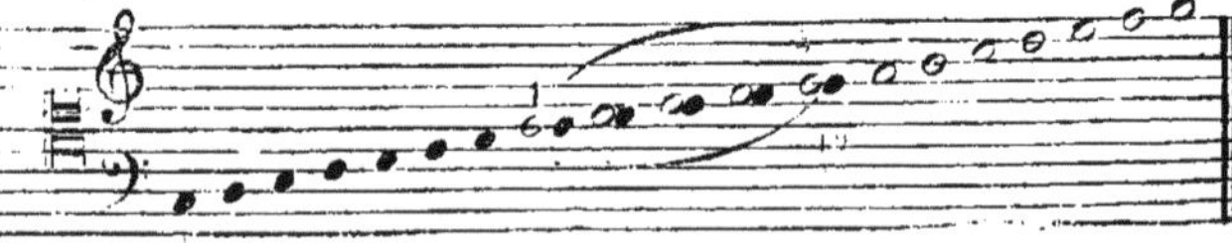

Voix d'homme (ténor).

Procédés de l'expérience : 1° le dessus solfie seul plusieurs fois, en montant et en descendant, et lentement, les cinq notes *graves* de sa voix (notes en ○ de 1 à 5).

2° Le ténor solfie seul, plusieurs fois, en montant et en descendant, les cinq notes *aiguës* de sa voix (notes en ● de 8 à 12).

3° Le ténor et le dessus exécutent simultanément les deux exercices qu'ils viennent de faire séparément, et, si le ténor adoucit sa voix, on entend déjà que les deux voix sont à l'unisson.

4° Le ténor solfie encore seul ces mêmes notes 8 à 12, et revenu à 8 il continue à descendre de 8 à 1, et répète plusieurs fois, au grave, *ut, ré, mi, fa, sol, fa, mi, ré, ut*, etc.

5° Le ténor et le dessus solfient simultanément et plusieurs fois les 5 notes graves de leurs voix, *ut, ré, mi, fa, sol, fa, mi, ré, ut.*

6° Le dessus solfie de nouveau et plusieurs fois les cinq notes graves de sa voix, et le ténor en même temps solfie tantôt à l'aigu et tantôt au grave de la sienne ; alors on entend d'une manière fort sensible que les sons aigus du ténor se confondent avec les sons graves du dessus, tandis qu'ils sont distinctement à l'octave lorsque les deux voix solfient également au grave de leur diapason.

7° Enfin, et pour compléter l'expérience, le dessus commence la gamme à sa note 1 et il la poursuit facilement jusqu'à son *sol* aigu, tandis que le ténor, qui a commencé à sa note 8 (unisson de la note 1 du dessus), ne peut plus monter passé sa douzième ou treizième note. Pareillement, si le dessus commence à son *ut* grave 1 (unisson de l'*ut* aigu 8 du ténor), tandis que le ténor continue à descendre jusqu'à son *ut* grave, le dessus est obligé de cesser après avoir descendu deux ou trois notes à l'unisson du ténor.

TABLEAU 3-*B*. (Ire Classe.)

1. Mains musicales par B. Wilhem.—Noms des cinq doigts et des cinq lignes avec clef de *Sol.*

Remarque 1. Puisque le moniteur dit : *Regardez l'intérieur de votre main droite,* il est entendu que ce moniteur doit toucher de manière à ne montrer aux élèves que le revers de sa propre main comme on le voit par la gravure du titre de la méthode.

Remarque 2. L'exercice préparatoire du chant sur la main est l'un des plus importants de la méthode ; en voici les principaux avantages. 1° Chaque élève, en solfiant, touche sur ses doigts la position qu'il voit toucher par le moniteur, et, de cette manière, la *vue,* le *toucher,* l'*oreille* et la voix concourent à un résultat actuel, l'émission d'une succession de sons, et à un résultat prochain, la mémoire locale des mêmes rapports de sons quand les mêmes doigts sont touchés de nouveau. 2° Sous le rapport de l'enseignement et de l'ordre, voici ce qui en résulte : le moniteur regardant ses élèves quand il fait solfier, il est, par rapport à eux, dans une position favorable pour commander le chant collectif ou individuel et pour éprouver la justesse et la promptitude d'intonation de chacun en faisant passer rapidement le chant de l'un à l'autre élève.

Remarque 3. Il est bien entendu qu'en faisant apprendre aux élèves les noms de doigts et de lignes (mi-sol-si-ré-fa), on ne solfie pas ces notes. Jusqu'au tableau 8, la solmisation indiquée et recommandée est seulement diatonique, elle marche ensuite par degrés disjoints au fur et à mesure que l'on avance dans les classes III à VII (tableau 8 à 22).

Remarque 4. J.-J. Rousseau attribue à Guido d'Arezzo (XIe siècle) l'invention de la *main harmonique ;* mais, au rapport du prince-abbé Gerber et d'après nos propres recherches, il paraît que les deux principaux auteurs où il est question de la *main*, pour expliquer et pratiquer le système de Guido, sont : Elie Salomon qui florissait et 1274, et Engelbert qui mourut en 1331. Avant eux, le système de Guido portait l'épithète de *monochorde.*

La *main harmonique* et ses usages sont parfaitement décrits dans le premier des traités de *J. Teinturier,* dit *Tinctor* de son nom latinisé (1470). Dans ce traité, composé de neuf chapitres, l'auteur montre d'abord les *places*, lieux où les sons étaient fixés sur la main, puis il explique les *propriétés*, les *déductions*, les *nuances* et les *conjonctions* [1].

(Voir ces mots, et l'article *main harmonique*, dans le *Dictionnaire de Musique* de M. Castil-Blaze.)

Pour faire comprendre l'importance des études de la *main harmonique*, Tinctor s'exprime ainsi, en terminant son traité : « Cette exposition de la main « suffit aux jeunes gens, et je les exhorte à l'étudier comme étant la base de la « musique ; car de même que la saine raison nous enseigne que l'on ne peut bâ- « tir là où manquent les fondations, de même, sans la parfaite connaissance de « la main, on ne peut devenir un habile musicien. »

Cette théorie et cette pratique de la *main harmonique*, si vivement recommandées par Tinctor, sont aujourd'hui fort utiles ; cependant, à cause des *mains musicales* proposées dans la méthode actuelle, il peut encore être curieux de voir dans quel ordre on touchait les notes sur la main ancienne.

(1) Le seul exemplaire qu'on connaisse des traités manuscrits de Tinctor appartenait au savant M Perne, correspondant de l'Institut, ex-inspecteur général et bibliothécaire de l'École royale de musique ; c'est un recueil extrêmement précieux sous beaucoup d'autres rapports. Le traité dont il s'agit a pour titre : *Expositio manus secundum magistrum Joh. Tinctoris.* (Voir l'article *Tinctor* dans le *Dictionnaire historique des musiciens.* Paris, 1811.)

MAIN HARMONIQUE DES ANCIENS.

N. B. En suivant ci-dessous l'ordre numérique des chiffres 1 à 20 le long des cinq lignes qui, par leur direction, indiquent les cinq doigts de la *main harmonique* des anciens, on connaîtra l'ordre dans lequel les notes s'indiquaient avec l'index de la main gauche pour solfier les vingt notes du système de Gui d'Arezzo.

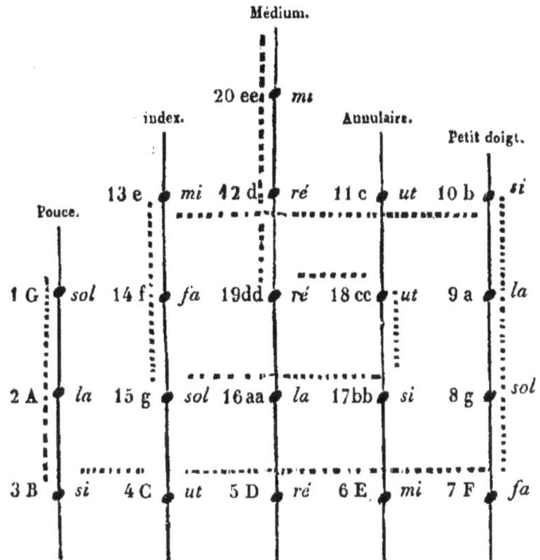

La méthode de la *main* fut en usage de la sorte jusque vers le milieu du 16e siècle, époque à laquelle *Bourgeois* proposa la solmisation actuelle (1550)[1]. Dans le siècle suivant (1636), le père Mersenne n'en reproduisit pas moins la *main harmonique*, mais sans spécifier ses usages avec détail[2].

Enfin *Rameau*, sans mentionner la main harmonique des anciens, proposa dans son *Code de musique* (1760) l'usage de la main, bien ouverte et le petit doigt vers la terre, pour représenter les cinq lignes de la portée musicale. Rien ne témoigne pourtant que cette heureuse indication ait été suivie. On peut encore rapporter ici, comme ayant de l'analogie avec ce dernier moyen, que vers le même temps *Jacob*, musicien de l'Opéra, se servit dans sa méthode d'une portée sans clef ni notes, portée vide dans l'usage de laquelle un auteur moderne,

(1) *Le droit chemin de musique, avec la manière de chanter les psaumes par usage ou par ruse, sans le secours de sa main, par Bourgeois.* Genève, 1550.

(2) Le père Mersenne, lib. 6, *de Generibus et Modis.* Paris, 1636. (*Voir* l'avis imprimé en tête de l'*Indicateur-Vocal.*)

M. *Pastou*, habile professeur, croit trouver l'origine du *Méloplaste* de *Galin*; mais *Galin* connaissait-il l'ouvrage de *Jacob* (1769)? connaissait-il le *Traité pratique du chant ecclésiastique*, par l'abbé *Le Bœuf*, qui emploie également la portée vide (1741), et connaissait-il l'ouvrage de *Sebalte Heyden* (1537), où cette sorte de portée est également présentée [1]?

Arrivé maintenant aux mains musicales de la méthode actuelle (Tableau 4-*A*), nous devons faire remarquer que, dans tout ce qui a précédé, il n'est pas question d'établir les deux mains en rapport avec la portée générale des voix, ni de leur attribuer des places diésées ou bémolisées au moyen desquelles on peut toucher des chants modulés, analyser les diverses espèces d'intervalles et composer les gammes dans les deux modes; on n'y parle pas non plus de l'emploi d'une clef d'*ut* mobile, sous forme d'anneau, pour lire sur la main aux diverses positions de cette clef comme cela se pratique avec les clefs mobiles de *l'Indicateur-Vocal* (tableau 42). Tels sont en abrégé les documents que nous avons pu recueillir sur les usages antérieurs de la *main;* les personnes éclairées et judicieuses sauront bien, d'après cela, attribuer à chaque auteur la part du mérite qui lui revient dans cette succession d'inventions, d'additions et de perfectionnements.

2. Lecture des lignes de la portée avec clef de *sol*.

Remarque 1. Avant de passer à cette étude il faut rappeler, d'après le haut du tableau, que les lignes de portée qui partent du bout des doigts se nomment comme ces doigts; on commencera donc par faire montrer l'un ou l'autre doigt, puis l'une ou l'autre ligne.

Remarque 2. Si les élèves hésitent dans la lecture des notes de la partie du bas du tableau, le moniteur tourne un moment le dos à ce tableau pour faire lire sur la main seulement. (*Voir* le deuxième exercice d'écriture musicale, page 42).

TABLEAU 4. (Ire Classe.)

1. Premiers exercices de la mesure.

Remarque 1. Le procédé qui consiste à prononcer en mesure le nom de la *figure* des notes, *ronde, blanche, noire,* ainsi que les lectures mesurées de ces mêmes figures (tableaux 5 et 6) appartiennent en propre à la méthode et sont consignés dans les rapports de 1819. (*Voir* l'Appendice.)

(1) « Le maître touchera sur ces lignes et sur les intervalles blancs tous les chants qu'il voudra. Il faut enseigner aux élèves à descendre et monter suivant le progrès d'une baguette qui touche tantôt sur une ligne et tantôt sur une autre; il faudra pour cela laisser beaucoup de blanc entre les cinq lignes. » L'abbé *Le Bœuf*, *Traité historique et pratique du chant ecclésiastique*, page 164. Paris, 1741.

2. Première lecture rythmique et première solmisation mesurée.

REMARQUE 2. En marquant le troisième temps, les élèves ne doivent pas laisser tomber la main droite plus bas que la ceinture.

N. B. Après les trois lectures de cette portion du tableau, suivies d'un premier examen, on doit passer outre et y revenir, comme cela a déjà été recommandé pour le tableau 1.

REMARQUE 1. D'après le système de rédaction musicale que nous avons adopté pour la méthode, eu égard à sa principale destination, les préceptes fondamentaux de toute bonne exécution vocale seront toujours présentée, au fur et à mesure que l'on pourra en faire une application immédiate. Tels sont : la *mise de voix* sur le tableau actuel ; les diverses nuances du *legato* et du *staccato*, notes liées ou détachées (tableau 27) ; *le port de voix*, transport de voix d'un son à l'autre (tableau 31) ; l'*appogiature simple*, petite note sur laquelle la voix appuie avant de couler sur une note ordinaire (tableau 38).

N B. La pratique de la plupart des autres agréments du chant, *gruppetto*, *trillé, mordente, roulade*, etc., exige dans les élèves des facultés vocales plus heureuses et plus développées que celles qu'on rencontre ordinairement dans les écoles ; et elle demande, d'ailleurs, de la part du professeur, des soins spéciaux et individuels qui sortent de tous les modes d'instruction publique.

REMARQUE 2. C'est encore par suite du même système de rédaction que l'on trouvera successivement et par petites collections les *mots* et les *signes* les plus usuels de l'exécution musicale.

REMARQUE 3. Comme il est fort important de s'occuper de la respiration pour arriver à la bonne exécution vocale, nous allons rappeler ici les conseils généraux qui sont donnés à cet égard.

La respiration se compose de deux mouvements alternatifs, l'*aspiration*, quand on attire l'air, et l'*expiration*, quand on le repousse. Lorsque l'on respire pour chanter, il faut en *aspirant* rentrer le ventre et le faire remonter avec promptitude en gonflant la poitrine et en la portant en avant. Dans l'*expiration* le ventre doit revenir fort lentement à son état naturel, et la poitrine doit s'abaisser peu à peu sans secousses. On peut s'exercer, même sans chanter, à *aspirer* avec aisance et sans que l'on puisse presque s'en apercevoir.

Quand vient le moment de l'*aspiration* (de prendre haleine), il faut *aspirer* promptement et sans bruit.

On trouve le moment nécessaire à l'*aspiration* en diminuant un peu la valeur de la note qui est vers la fin de l'*expiration* (avant de perdre haleine)

Les moments les plus favorables à la *respiration* sont, en général, avant et après les notes tenues très long-temps, pendant les silences, et à la fin de tout sens musical.

Les élèves des écoles élémentaires ne doivent jamais crier, mais il faut qu'ils développent un certain volume de voix et donnent à leurs sons de la rondeur; on leur recommande constamment d'éviter toute espèce de grimace en chantant, et surtout celle qui se nomme *faire la moue;* ils ne doivent pas serrer les dents, et pourtant leur bouche doit être riante, parce que les sons obtenus par cette dernière disposition sortent plus purs; les paroles chantées doivent être exactement prosodiées, il faut les articuler sans affectation et non les jeter en dehors; on se souviendra à cet égard que les enfants, hors de l'école, ne doivent pas chanter chez leurs parents comme s'ils avaient à remplir les voûtes d'une église par les éclats de leur voix.

TABLEAU 5. — (Ire Classe.)

1. Préparation pour la lecture rythmique du mélange des figures de notes *ronde, blanche* et *noire.* (*Voir* la première remarque du tableau 4.) — 2. Lecture rythmique courante des mélanges de *ronde, blanche* et *noire.*

Remarque 1. 1° Le moniteur doit être parfaitement instruit des procédés décrits dans l'*avis* placé en tête de cette portion de tableau; 2° après l'étude de la première ligne de cette *lecture courante*, on fera toucher les entre-doigts et nommer les interlignes de la première portée; 3° après la deuxième ligne de la lecture rythmique, on étudiera les interlignes de la deuxième portée.

Remarque 2. Il ne faut pas omettre l'important exercice de solmisation diatonique recommandé sous la deuxième ligne de la lecture rythmique.

3. Lecture des notes placées entre les doigts ou entre les lignes, avec clef de *sol.*

Remarque. C'est ici l'occasion de mentionner, une fois pour toutes, en quoi la rédaction générale de cette *troisième édition* diffère essentiellement de celle de la première édition.

Dans la première édition nous avions établi trois séries de tableaux, savoir: *Principes, Études de la mesure, Exécution vocale*, et d'après les indications du *Guide* on devait faire alterner, dans un certain ordre, l'une et l'autre de ces études. Or il est arrivé souvent que ces indications n'étant pas suivies, on négligeait un travail au détriment de l'autre. Pour rendre maintenant ce mécompte impossible, l'ouvrage n'offre plus qu'une seule série du tableau 1 au tableau 73, et les variétés d'études sont présentées sur la même feuille, comme dans le tableau actuel, par exemple, où il y a étude purement rythmique, et séparément lecture des noms d'interlignes au moyen des noms de lignes que l'on sait déjà, comme on le verra encore sur le tableau 13 où l'on trouve: préparation *vocale* pour l'intonation d'un intervalle, emploi de cet intervalle dans un *chant*, et préparation *rythmique* pour des études subséquentes.

TABLEAU 6. — (Ire Classe.)

1. Préparation pour la lecture rythmique du mélange des trois premières figures de notes et de silences. — 2. Lecture rythmique courante. — 3. Solmisation diatonique et mesurée avec blanches pointées. — 4. Énonciation des diverses figures de notes et des noms de position *do, ré, mi.*

Point de remarque.

(*Voir* le quatrième Exercice d'*Ecriture musicale,* page 46.)

TABLEAU 7-*A*. — (Ire Classe.)

Echelle diatonique. — Gamme en chiffres avec signes manuels. — Notions relatives au chant à plusieurs parties.

Remarque. Les procédés de ce tableau doivent être étudiés avec soin, afin qu'ils soient familiers pour les applications fréquentes que l'on aura à en faire.

TABLEAU 7-B. — (Ire Classe.)

1. Distinction des intervalles de *Seconde, Tierce,* etc.—Classification de la méthode.

Pour le professeur comme pour les moniteurs-chefs, il est important de connaître nettement et dès le commencement la classification de la méthode, mais pour les très jeunes élèves il suffit de leur faire remarquer au fur et à mesure qu'ils passent d'une classe à l'autre.

2. Solmisation de la première classe. — 3. Sons attaqués.

(Nouvelle application de la remarque faite sur le tableau 4, relativement à la répartition des préceptes de l'exécution vocale.)

TABLEAU 8. — (IIe Classe.)

1. Première analyse de la *Seconde* et préparation de cet intervalle sur la main.

N. B. Avant de se placer en présence des élèves, il est indispensable que le professeur et les moniteurs soient parfaitement familiarisés avec la pratique du chant sur la main, décrit en haut de la feuille de ce tableau.

Remarque 1. L'importance de la préparation vocale par le chant sur la main est évidente; car les élèves, en suivant et en imitant les positions touchées, n'ont à chercher que la seule intonation, sans avoir à s'occuper d'un signe quelconque de durée.

Remarque 2. Chacune des huit classes débute par la préparation vocale de son intervalle sur la main; puis vient une lecture rythmique de l'intervalle écrit en *blanches* et en *noires* mêlées, et ensuite la solmisation de ce qui a été lu ainsi en mesure et sans intonation. De cette manière, en même temps que les yeux s'habituent à reconnaître les intervalles, la voix s'exerce à les pratiquer progressivement, et l'oreille se forme de plus en plus à les apprécier et à les distinguer nettement les uns des autres.

REMARQUE 3. Les notions premières que les élèves reçoivent sur chaque intervalle dans les classes élémentaires de la méthode (II à VIII) se complètent successivement dans les divisions de *seconde*, de *tierce*, etc., des 2e—VIIIe et 3e —VIIIe ; ainsi, dans la 3e classe, par exemple, la tierce se distingue seulement par les trois positions diatoniques qu'elle embrasse ; dans la 2e —VIIIe, également division des *tierces*, l'intervalle est écrit en notes différemment affectées par les signes *dièse*, *bèmol* ou *bécare*.

2. Suite du tableau 4 pour les signes usuels et indépendants de la figure des notes et des silences.

Remarque conforme à celle du tableau 4.

3. Solmisation mesurée et progressionnelle des *Secondes*.

Point de remarque.

TABLEAU 9.—(IIe Classe.)

1. Suite de la solmisation progressionnelle des *Secondes*. — 2. Echelle proportionnelle des mouvements intermédiaires entre le plus lent et le plus vif.

Point de remarque.

3. Premier chant des *Secondes*.

REMARQUE 1. Se conformer à l'*avis* général sur l'exécution des chants de la méthode.

REMARQUE 2. A partir de ce tableau les élèves retrouvent de temps à autre sur les tableaux des chants ou des portions d'exercices enseignés ou retenus par *écho*, comme *types* des intervalles de *seconde*, *tierce*, etc. (1)

Donner ainsi à exécuter à vue de musique quelques airs que les élèves savent déjà par cœur paraît d'abord une chose inutile ou de pure routine ; mais quelques considérations qui prouvent le contraire vont faire trouver dans cet exercice

(1) Les personnes qui n'auraient pas le loisir d'examiner la marche de la méthode pourraient attribuer au chant par *écho* plus d'importance qu'il n'en a réellement. L'utilité fondamentale de ce chant, dans une école populaire surtout, est incontestable ; c'est le précédent de toute musique, mais il n'est que cela dans l'ordre de trois degrés élémentaires de la méthode : *chant par écho, chant sur la main, chant noté*.

Les intonations fugitives du *chant par écho* sont fixées dans la mémoire par le toucher du *chant sur la main*, et le chant sur la main est fixé sur le papier par les caractères du *chant noté*. En effet, des notes écrites rappellent leur position sur la main, et le toucher de ces positions rappelle les *sons*. Dites à un enfant qui hésite dans la lecture vocale des notes de sa classe : *Touchez;* et aussitôt, soit qu'il touche réellement ses doigts, soit que sa pensée se reporte à l'action de toucher ces notes, il retrouve les sons qu'on lui demande.

l'une des plus sensibles applications du système pris pour base de la méthode : *c'est à ce que je sais que commence tout ce que j'ignore.* Les élèves savent en effet l'air et les paroles qu'on leur met sous les yeux, mais jusque là ils n'avaient pas vu les paroles écrites ni la musique notée ; on commence donc par leur montrer ici le moyen matériel de fixer sur le papier les sons oratoires et les sons musicaux, par les caractères qui sont propres à chacun d'eux. Voici le reste des opérations : 1° les élèves chantent les paroles qu'ils savent et regardent les notes qu'ils ne connaissent pas ; 2° ils solfient les notes, et, comme ce sont des secondes, les lectures vocales précédentes les mettent à même de reconnaître que les sons qu'ils ont coutume de donner à ces notes reproduisent en effet ici l'air qui leur est connu sur les paroles ; 3° préparés par les exercices qu'ils ont exécutés précédemment sur la main, et par la mémoire du chant qu'ils ont sous les yeux, les élèves font facilement une seconde lecture vocale en touchant sur la main les notes qu'ils regardent sur le tableau ; ils chantent bientôt ces airs types sur la main sans regarder la musique. Enfin, la main devient une sorte d'instrument de *mnémonique musicale*, qui au simple toucher rappelle les sons de chaque doigt ; d'après ces résultats, que le raisonnement explique et dont on peut vérifier le fait, il semble que l'emploi de la main musicale soit l'un des meilleurs moyens à indiquer pour rendre facile et populaire la lecture de la musique.

TABLEAU 10. — (IIIe Classe.)

1. Première analyse de la *Tierce* et préparation de cet intervalle sur la main.

Remarque. Au premier tableau de chacune des classes II à VIII, il faut apporter le plus grand soin à faire reconnaître aux élèves les différences des positions qui distinguent à vue les intervalles les uns des autres. Cela est de la plus grande importance pour les analyses mélodiques et harmoniques subséquentes.

2. Solmisation mesurée et progressionnelle des *Tierces*.

Remarque. La solmisation progressionnelle de chaque intervalle à vue de musique, étant très facile à cause de la préparation antérieure sur la main et parce qu'elle ne se présente d'abord qu'en valeurs de *blanches et noires* dont la lecture rythmique s'effectue préalablement, il ne faudra pas négliger l'exécution des exercices progressionnels simultanés pour des classes différentes, soit que les groupes de ces classes existent, soit qu'il faille donner la seconde partie à répéter à des groupes qui auraient déjà vu ce tableau. C'est le premier et le plus simple des exercices d'ensemble de groupes différents, c'est une excellente préparation pour l'exécution des chants à plusieurs parties.

TABLEAU 11. — (IIIe Classe.)

1. Suite de la solmisation progressionnelle des *Tierces*.

Point de remarque

2. Premier chant des *Tierces*.

Remarque conforme à l'avis général sur l'exécution des chants de la méthode (tableau 9).

3. Tableau général et comparatif des valeurs équivalentes en notes et en silences.

Point de remarque.

TABLEAU 12. — (IVe Classe.)

1. Première analyse de la *Quarte* et préparation de cet intervalle sur la main. — 2. Solmisation mesurée et progressionnelle des *Quartes*.

Remarques conformes à celles du tableau 10.

TABLEAU 13. — (IVe Classe.)

1. Suite de la solmisation progressionnelle des *Quartes*.

Point de remarque.

2. Premier chant des *Quartes*.

Remarque conforme à l'avis du tableau 9.

3. Première lecture rythmique et préparatoire des croches.

Remarque 1. Comme, sur les tableaux 5, 6 et 7, l'appellation rythmique des figures de notes ronde, blanche et noire, prépare à la lecture mesurée et vocale des tableaux suivants, de même ici, tandis que les solféges et les chants n'emploient encore que des rondes, blanches et noires, on prépare, par la lecture rythmique des croches, aux chants qui emploient cette valeur dans la 2e -VIIIe. Ces nouvelles études de la mesure sont répétées sur les tableaux 13 à 22. Ainsi chaque tableau résume, en général, ceux qui le précèdent, et prépare à ceux qui le suivent.

N. B. Pour les tableaux 13, 15, 17 et 19, on fera prendre les études de croches entre la première et la seconde partie du *chant* progressionnel de chaque intervalle.

Remarque 2. Dans la troisième édition, comme dans la première, les études purement rythmiques et préparatoires sont exécutées en successions diatoniques pour qu'on ne soit pas arrêté par les noms des notes,

TABLEAU 14. — (Ve Classe.)

1. Première analyse de la *Quinte* et préparation de cet intervalle sur la main. — 2. Solmisation progressionnelle et mesurée des *Quintes*.

Comme pour le tableau 10.

TABLEAU 15. — (Ve Classe.)

1. Suite de la solmisation progressionnelle des *Quintes*.— 2. Premier chant des *Quintes*. — 3. Suite de la lecture rythmique et préparatoire des croches.

Comme pour le tableau 13.

TABLEAU 16. — (VIe Classe.)

1. Première analyse de la *Sixte* et préparation de cet intervalle sur la main. — 2. Solmisation mesurée et progressionnelle des *Sixtes*

Comme pour le tableau 10.

TABLEAU 17.

1. Suite de la solmisation progressionnelle des *Sixtes*.— 2. Premier chant des *Sixtes*.— 3. Fin de la lecture rythmique et préparatoire des croches.

Comme pour le tableau 13

TABLEAU 18. — (VIIe Classe.)

1. Première analyse de la *Septième* et préparation de cet intervalle sur la main. — 2. Solmisation mesurée et progressionnelle des *Septièmes*.

Comme pour le tableau 10.

TABLEAU 19. — (VIIe Classe.)

1. Suite de la solmisation progressionnelle des *Septièmes*.—2. Premier chant des *Septièmes*. — 3. Première lecture rythmique et préparatoire avec noire pointée et croches.

Comme pour le tableau 13.

TABLEAU 20. — (1re - VIIIe.)

1. Première analyse de l'*Octave* et préparation de cet intervalle sur la main.— 2. Solmisation mesurée et progressionnelle des *Octaves*.

Comme pour le tableau 40.

TABLEAU 21. — (Ire - VIIIe.)

1. Suite de la solmisation progressionnelle des *Octaves*.—2. Premier chant des *Octaves*. — 3. Fin des études rythmiques et préparatoires avec noire pointée et croches.

Comme pour le tableau 13.

TABLEAU 22. — (1re - VIIIe.)

Récapitulation vocale et rythmique.

Point de remarque.

2ᴱ—VIIIᴱ,

OU

DEUXIÈME SECTION DE LA VIIIᵉ CLASSE.

TABLEAU 23-*A*.

(2ᵉ-VIIIᵉ. — Division des *Secondes*.)

Escalier chromatique et main chromatique. — Dièse, bémol, bécarre.

Remarque 1. Ce tableau étant le premier de la 2ᵉ-VIIIᵉ (2ᵉ section de la VIIIᵉ classe), il faut porter l'attention des moniteurs, et par suite celle des élèves, sur le partage de cette partie de la méthode en *divisions* de *secondes*, de *tierces*, etc., dans lesquelles on va compléter les études élémentaires commencées dans les classes II à VIII, de même que, dans le IIᵉ Cours, on passera à des études de perfectionnement pour chacun des dégrés du premier cours.

Remarque 2. La note diésée étant plus près de celle vers laquelle elle monte et la note *bémolisée* plus voisine de celle sur laquelle elle descend, on distingue deux sortes de demi-ton : le *demi-ton chromatique* entre deux notes de même position, comme *ut*, *ut* ♯, et le *demi-ton diatonique* entre deux positions voisines, comme *ut* ♯, *ré*.

Le demi-ton *chromatique*, qui caractérise les nuances du genre chromatique (*ut*, *ut* ♯), est plus grand que le demi-ton *diatonique* (*ut* ♯, *ré*), qui est identique avec le demi-ton *si*, *ut* de la gamme diatonique.

(Tableau 67-A. IIᵉ Cours.) *N. B.* La différence du demi-ton *chromatique* (*ut*, *ut* ♯) au demi-ton *diatonique* (*ut* ♯, *ré*) est d'un *comma* ou neuvième de ton.

TABLEAU 23-*B*.

(2ᵉ-VIIIᵉ. — Division des *Secondes*.)

1. Deuxième analyse de la seconde. — Seconde majeure et seconde mineure.

Remarque. Ici se présente le premier exemple des notions que chaque division de la 2ᵉ-VIIIᵉ va ajouter aux premiers éléments d'intonation et de rythme acquis dans les classes II à VIII. Les intervalles, qui d'abord n'ont été distingués sur la portée que par la *position* des deux notes qui les forment, vont être maintenant qualifiés de *majeurs* ou *mineurs*, etc., selon le nombre de tons et de demi-tons compris d'une note à l'autre, comme, *sol-la*, seconde *majeure* (un ton); *sol-la* ♭ seconde *mineure* (un demi-ton); *ut-mi*, tierce *majeure* (deux tons); *ut mi* ♭ tierce *mineure* (un ton et demi); etc. C'est

donc sous le **rapport** de la modification que peut subir **ainsi** chaque **intervalle qu'ils seront tous** revus **et** étudiés successivement **sur** les tableaux **28, 30, 32, 36, 39 et 40.**

2. Air type de la seconde mineure.

La disposition resserrée des matières n'a pas permis d'insérer sur le tableau 35 les deux parties d'accompagnement de ce chant ; elles se trouvent seulement dans l'édition manuelle (2e-VIIIe, division des quintes). C'est la seule omission qui existe sur les tableaux.

Remarque 1. On recommande vivement ici la *préparation vocale* indiquée au bas du tableau, pour entonner, à partir d'un son quelconque, la seconde *majeure* ou *mineure ;* cet exercice est fondamental pour la composition postérieure des gammes sur la main et sur l'*Indicateur-Vocal* (tableau 42 et chap. IVe du *Guide*). Pour des motifs semblables il faudra pratiquer la *préparation vocale* quand on arrivera aux autres intervalles (tableaux 28, 30, 32, 36, 39 et 40). Ces préparations aux variétés d'un même intervalle forment l'oreille à une exacte appréciation et contribuent beaucoup à la sûreté de l'intonation à vue de musique.

Remarque 2. On rappelle et l'on recommande pareillement ici, pour toute la 2e-VIIIe, l'utilité de faire solfier, et chanter sur la main en prononçant les paroles, des airs au fur et à mesure qu'ils sont appris ; cette habitude se contracte assez vite et avec intérêt pour les élèves ; c'est aussi le moyen de mnémoniser de plus en plus l'intonation des intervalles.

Remarque 3. A cause du fréquent emploi qui en sera fait pour l'analyse des gammes, il est aussi très important de s'astreindre à l'emploi habituel des signes manuels du ton et du demi-ton, comme signes de rappel des secondes majeures ou mineures.

Remarque 4. Ainsi que cela a été recommandé dans les classes II à VIII, il faudra continuer dans la 2e-VIIIe, et aussi dans le deuxième cours, les lectures littérales et les lectures rythmiques, particulières ou partielles, avant la solmisation et en attendant le *tour de chant* de chaque groupe (page 45, première partie du *Guide*).

TABLEAU 24.

(2e-VIIIe. — *Tons.*)

Tonique, ton et transposition. — Dièses et bémols constitutifs ou accidentels. — Ordre générateur des dièses et des bémols constitutifs. — Analyse des gammes sur la main en diverses toniques.

(*N. B.* Se conformer à l'*avis* imprimé en tête du tableau relativement au temps à consacrer à cette étude.)

Remarque. La disposition des trois exemples notés a pour objet de faire constater par les élèves mêmes, et note par note, l'identité des mêmes intervalles quand un même chant est transposé d'un ton dans un autre. L'étude de ces exemples jettera une grande clarté sur tout ce qui est relatif à l'analyse et à la transposition de la gamme.

Les élèves verront ainsi qu'une mélodie transposée ne change en aucune manière quand les notes conservent entre elles les intervalles du chant primitif, et ils sentiront fort bien la nécessité de la transposition pour écrire dans le diapason de chaque voix un air qui, sans cette attention, sortirait de l'étendue de cette voix [1].

TABLEAU 25-*A*.

(2e-VIIIe. — *Tons* et *Modes*.)

Notes tonales et notes modales. — Mode majeur et mode mineur.

Remarque 1. Les faits importants *de l'origine et de la génération des sons de la gamme diatonique et de la gamme chromatique* sont développés dans le premier tableau appendice du deuxième cours. Dans les remarques sur ce tableau (page ci-après), on a indiqué des expériences curieuses à faire sur le *forte piano*.

Remarque 2. Lorsqu'en se conformant à l'*avis* réimprimé en tête de cette feuille on aura repris des tableaux actuels (24 et 25) entre les études des tableaux 26 à 42, le tableau 42 (l'*Indicateur-Vocal*) offrira, à l'aide des procédés décrits au chapitre IV du *Guide*, un moyen certain de vérification pour constater l'entente desdits tableaux 24 et 25.

A l'occasion des notions exactes et fort importantes que nous avons voulu présenter d'une manière concise sur les tableaux 24 et 25, qu'il nous soit permis de faire encore remarquer que le système constant de la méthode consiste non-seulemeut dans une suite de déductions des premiers principes établis, mais encore dans l'intention de faire en sorte que chaque exercice nouveau soit ensuite utile aux exercices subséquents.

Remarque 3. La variabilité des notes *modales* (3 - 6 - 7) ne produisant qu'un changement de mode, tandis que l'altération des notes tonales (I - IV - V) opérerait un changement de ton, on réserve, dans la méthode, aux intervalles de tierce, sixte et septième la qualification de *majeures* ou *mineures*, et l'on qualifie les quintes et quartes de *justes*, d'*augmentées* et *diminuées*, non pas

(1) Long-temps la transposition a été employée pour reproduire en notes naturelles (soit en copiant, soit en chantant) un chant qui se présentait avec des notes diésées ou bémolisées; mais cette application est vicieuse et ne fait pas toujours éviter ce qu'on craint, car il est des traits qu'aucune transposition ne saurait présenter avec des notes naturelles, et d'autres où, si on gagne des notes naturelles d'un côté, on introduit des dièses ou des bémols de l'autre. Il vaut donc mieux habituer les élèves à la lecture des signes par les procédés analytiques.

parce que ces derniers intervalles, quarte ou quinte, seraient *faux* par leur altération en plus ou en moins, mais parce qu'alors ils sortiraient, par rapport au *ton* même qu'ils établissent, du *juste* degré qu'ils doivent conserver pour ne pas faire changer de TON.

TABLEAU 25-*B*.

(2e-VIIIe. — *Tons* et *Modes.*)

Modes relatifs. — 2. Connaissance des tons et des modes d'après l'armure. —3. Détermination de l'armure d'après la tonique.

Remarques des tableaux 24 et 25-*A*.

TABLEAU 26.

(2e-VIIIe. — Division des *Secondes.*)

1. Suite de la deuxième étude de l'intervalle de seconde. — 2. Première étude des notes syncopées. (Suite de ces études, tableau 49, deuxième Cours.)

REMARQUE 1. En général, et dans toute la méthode, les *solféges dialogués* avec des classes ou des divisions différentes, ne s'exécutent en *parties* que lorsqu'il y a des élèves arrivés à la classe ou à la division la plus élevée de cet ensemble. Ainsi, par exemple, pour l'exécution à trois *parties* du n° 2 de ce tableau, avec les tableaux 29 et 30, il faut qu'il y ait des élèves du tableau 30 ou de l'un des tableaux plus élevés encore; pour exécuter le n° 3 à deux *parties*, il faut qu'il y ait des élèves du tableau 29 au moins, etc. Jusque là ces numéros se solfient à une seule partie dans leurs groupes respectifs.

REMARQUE 2. Les morceaux à plusieurs *parties* d'une même classe, ou d'un même tableau peuvent s'exécuter en parties, soit dans le groupe même, soit avec des élèves d'un groupe au-dessus et que l'on fait descendre momentanément pour doubler les rangs en regardant entre les têtes de leurs camarades.— Mais avant, les parties vocales auront dû être étudiées séparément par le groupe même auquel elles appartiennent.

N. B. Ce dernier mode d'exécution peut s'appliquer ici au n° 4.

REMARQUE 3. La distinction des temps *forts* et des temps *faibles* ne doit pas être négligée, car c'est de la connaissance qu'on en donne aujourd'hui qu'on déduira plus tard la pratique des notes syncopées. C'est pourquoi, à partir de la lecture de ce tableau, on fera, de temps à autre, prononcer les mots *fort*, *faible*, *fort*, *faible*, en exécutant la mesure d'avertissement des tableaux ou des dictées, au lieu de prononcer les chiffres 1, 2, 3, 4.

TABLEAU 27.

(2e - VIIIe. — Division des *Secondes.*)

1. Notes coulées et notes détachées.

REMARQUE. Faire éviter l'espèce d'affectation ridicule que quelques élèves pourraient mettre dans l'exécution des exercices de ce tableau.

2. Solfége d'application pour les notes coulées et détachées, et pour divers autres signes d'exécution vocale et instrumentale.

REMARQUE. Il est nécessaire de faire remarquer et de faire observer avec exactitude l'effet de ces diverses nuances d'exécution.

TABLEAU 28.

(2e - VIIIe. — Division des *Tierces.*

1. Deuxième analyse de la tierce. — 2. Airs types de la tierce majeure et de la tierce mineure.

Remarques des tableaux 25-*B* et 26.

TABLEAU 29.

2e - VIIIe. — Division des *Tierces.*)

Deuxième étude de l'intervalle de tierce.

Remarques du tableau 26.

TABLEAU 30.

(2e - VIIIe. — Division des *Quartes.*)

1. Deuxième analyse de la quarte. — Quarte juste et quarte augmentée.

Remarques des tableaux 25-*B* et 26.

2. Types de l'intonation de quarte juste. — Deuxième étude de l'intervalle de quarte.

Remarques du tableau 26

3. Exécution du port-de-voix ou *portamento.*

REMARQUE. Application du système de rédaction musicale adopté pour la Méthode (*Guide*, page 1)

TABLEAU 31.

(2e - VIIIe. — Division des *Quartes.*)

1. Premiers exercices sur la mesure à deux temps. — Silence au commencement d'un temps.

Point de remarque.

2. Suite de la deuxième étude de l'intervalle de quarte.

Remarques du tableau 26.

TABLEAU 32.

(2e - VIIIe. — Division des *Quintes.*)

1 Deuxième analyse de la quinte. — Quinte juste et quinte diminuée. — 2. Types pour l'intonation de la quinte juste.—Deuxième étude de l'intervalle de quinte.

Remarques des tableaux 25 *B* - et 26.

TABLEAU 33.

(2e - VIIIe. — Division des *Quintes.*)

1. Premiers exercices préparatoires de la mesure à trois temps. — 2. Suite de la deuxième étude de l'intervalle de quinte.

Remarque. La mesure à trois temps, dont on commence l'étude dans la cinquième classe, présentera peu de difficultés, par l'aplomb que les élèves ont acquis dans les classes précédentes pour les mesures quaternaires et binaires.

TABLEAU 34.

(2e - VIIIe. — Division des *Quintes.*)

1. Première lecture avec clef de *fa* sur la main et sur la portée.

Remarque. Faire connaître aux élèves le jeu des *clefs mobiles* sur l'*Indicateur-Vocal.*

(Tableau 43, et *Guide* 59.)

2. Suite de la deuxième étude de l'intervalle de quinte.

Point de remarque.

TABLEAU 35.

(2e - VIIIe. — Division des *Quintes.*)

1. Table générale des signes de la mesure.

Remarque 1. La division en mesures *simples, composées* et *dérivées*, ainsi que la signification donnée à ces termes, sont conformes au sens littéral des mots et appartiennent d'ailleurs aux livres classiques consacrés depuis longtemps parmi les professeurs.

Remarque 2. Au lieu de suivre l'usage, en enseignant qu'il y a plusieurs espèces de mesures à quatre temps, à deux temps et à trois temps, la méthode établit deux règles simples et générales, au moyen desquelles il est facile de reconnaître la quantité de temps et de notes employées dans une mesure quelconque. On évite ainsi d'offrir à la mémoire une nomenclature difficile à retenir et qui d'ailleurs pourrait n'être pas complète [1].

2. Suite de la deuxième étude de l'intervalle de quinte.

Remarques du tableau 26.

(1) Si l'on veut avoir une idée du nombre et de la complication des signes de mesure, tels que 2, $\frac{2}{4}$ $\frac{6}{4}$ $\frac{6}{8}$ 3, $\frac{3}{2}$ $\frac{3}{4}$ $\frac{3}{8}$ 4, $\frac{12}{4}$ $\frac{12}{8}$, etc., on peut consulter les solfèges, et en outre chercher, dans le *Dictionnaire de musique*, les articles *mesure double, double triple, triple, triple de blanche, temps et prolation, plique, point*, etc.

3. Préparation rythmique pour passer plusieurs notes dans un même demi-temps.

Point de remarque.

TABLEAU 36.

(2e - VIIIe. — Division des *Sixtes.*)

1. Deuxième analyse de la sixte. — Sixte majeure et sixte mineure.

2. Types pour l'intonation de la sixte majeure et de la sixte mineure. — Deuxième étude de l'intervalle de sixte.

Remarques des tableaux 25-*B* et 26.

TABLEAU 37.

(2e - VIIIe. — Division des *Sixtes.*)

Premiers exercices rythmiques et préparatoires sur la mesure à $\frac{6}{8}$. (Suite, tableaux du deuxième cours.)

Remarque 1. Dans l'exercice préparatoire de la première colonne, insister sur la différence de scandé entre le $\frac{3}{4}$ et le $\frac{6}{8}$.

Remarque 2. Avant de commencer chacun des exercices préparatoires de la deuxième colonne, il est utile de marquer une mesure d'avertissement en prononçant les chiffres 1-2-3, 1-2-3, etc. ou 1-2, 1-2, en prononçant 1 long et 2 bref.

2. Chœur sur l'*andante* de l'ouverture du *Calife de Bagdad*, musique de Boieldieu.

Point de remarque.

TABLEAU 38.

2e - VIIIe. — Division des *Sixtes.*)

1. Appogiature simple, ou petite note d'agrément.

Remarque. Application du système de rédaction musicale adopté pour la Méthode (*Guide*, page 1).

2. Première lecture avec clef d'*ut* première ligne.

Remarque. On peut faire repasser ici les exercices de la mutation des clefs sur l'*Indicateur-Vocal,* comme cela s'est fait pour le tableau 34.

TABLEAU 39.

(2e - VIIIe. — Division des *Septièmes.*)

1. Deuxième analyse de la septième. — Septième majeure et septième mineure.

Remarques du tableau 25 - *B.*

2. Triolets, ou trois notes pour deux de la même figure.

Remarque. Il faut bien faire comprendre et sentir la différence pratique qu'il y a entre 2 croches par temps, dont chacune est le huitième de ronde, et les trois croches *triolets* par temps, dont chacune est un douzième de ronde.

3. Solfége d'application pour l'exécution des triolets.

REMARQUE. On a cru rendre plus sensible la différence des croches *triolets* aux croches ordinaires en reproduisant en $\frac{2}{4}$ et sous forme plus ornée un solfége déjà vu à quatre temps (1 noire par temps) sur le tableau 27.

TABLEAU 40.

(2e-VIIIe. — Division des *Octaves*.)

1. Deuxième analyse de l'intervalle d'octave. — 2. Deuxième chant des octaves.

Remarques du tableau 23-*B*.

TABLEAU 41-*A*.

APPLICATION GÉNÉRALE DES ÉTUDES DU PREMIER COURS.

1. La Puissance de l'Éternel. — 2. L'Ordre et le Désordre. — 3. Canon de Sabbatini.

REMARQUE 1. Faire lire et répéter attentivement le texte du paragraphe relatif au but que l'on s'était proposé et que l'on espère avoir atteint en terminant ainsi le premier cours de la méthode.

REMARQUE 2. C'est le moment de faire reprendre la lecture suivie des tableaux 24 et 25, dont les principes ont pu recevoir un commencement d'application entre les tableaux 25 et 41; applications qui seront plus nombreuses au fur et à mesure que l'on avancera dans la 3e-VIIIe (deuxième cours de la méthode), ou que l'on se bornera à l'exécution de chants et de chœurs du degré de force de l'*Orphéon*.

REMARQUE 3. A la suite de ce tableau 41 et entre les études de l'*Orphéon* (ou d'autres chants) on fera composer les gammes sur l'*Indicateur-Vocal* d'après les procédés décrits au chapitre IV, page 61, et si l'on doit s'occuper du *deuxième cours* on passera immédiatement au tableau 43 qui ouvre la 3e-VIIIe ou troisième section de la huitième classe. — Les autres exercices de l'*Indicateur* seront indiqués au fur et à mesure qu'il en sera besoin dans le *deuxième cours*.

TABLEAU 41-*B*.

(2e-VIIIe. — Division des *Octaves*.)

REMARQUE. Cet offertoire de *Perne* est donné ici comme un type de la musique sacrée que, selon la localité et les convenances personnelles, on peut faire exécuter de temps à autre, dans les occasions où ces chants seraient utiles.

N. B. Il existe trois cahiers de *Chants sacrés* par *Perne*, à 7 fr. 50 c., prix marqué pour chaque cahier, et l'on trouve dans le commerce de musique d'excellentes compositions de ce genre.

TABLEAU 42.

(Ier et IIe Cours.)

INDICATEUR-VOCAL, AVEC NOTES ET CLEFS MOBILES.

Avis. Pour se servir de l'*Indicateur-Vocal* avec plus de fruit, il convient d'attendre qu'il soit renvoyé à ce tableau dans le courant de la méthode.

Remarque 1. Le tableau de l'*Indicateur-Vocal* représente une portée ordinaire coupée par quatre barres perpendiculaires qui forment entre elles trois compartiments. Les notes naturelles s'indiquent avec le doigt ou la baguette dans le compartiment du centre, le compartiment de gauche est pour les notes diésées, et celui de droite pour les notes bémolisées; ce sont ces compartiments que nous nommons aussi *portée diésée*, *portée naturelle* et *portée bémolisée*. Au centre des lignes et des interlignes de chaque portée, on remarque un rang de trous alignés perpendiculairement; ils servent à placer à volonté huit notes mobiles et chiffrées 1 à 8. Les trois clefs s'implantent aussi par un même moyen aux places qu'elles doivent occuper [1].

Remarque 2. On fera montrer par divers élèves, en tête de l'*Indicateur-Vocal*, les six portées particulières tirées de la portée générale en lisant immédiatement le nom des voix qui emploient ces portées.

Remarque 3. L'*Indicateur-Vocal* rend sensible le rapport constant des trois clefs, et il dégage la lecture musicale de l'erreur des *quatre* clefs d'*ut*, des *deux* clefs de *fa* et du vice de la méthode de comparaison continuelle entre le nom actuel des lignes de la portée et celui qu'elles auraient selon la position de telle ou telle autre clef. Par l'emploi des notes mobiles de l'*Indicateur*, on fait rendre compte de la nature de chaque intervalle, et par conséquent de la construction de la gamme dans les deux modes; cet appareil est une sorte de pierre de touche pour éprouver l'entendement des élèves, car il exige toujours de leur part une action pour réponse, et il se refuse au vague des réponses d'à peu près.

La *main musicale* (l'une ou l'autre des mains mélodiques) rattache aux sensations du toucher les connaissances de théorie acquises par le jeu des notes mobiles sur l'*Indicateur-Vocal*. On transpose sur la main, au moyen d'un anneau, en guise de clef d'*ut*, et on touche à volonté tous les intervalles majeurs, mineurs, augmentés, diminués, etc.

Quant au choix que l'on peut faire entre l'*Indicateur* et la *main* pour exercer dans la pratique des intonations, l'usage de la *main* est infiniment préférable, parce que le moniteur a toujours ses élèves sous les yeux, tandis que pour le chant sur l'*Indicateur* le chef ne voit pas ses élèves, puisqu'il regarde nécessaire-

(1) L'origine de l'*Indicateur* (1812) est constatée dans les rapports réimprimés à la fin de ce *Complément*, et dans le *Guide* de la première édition, page 48.

ment les positions qu'il indique. Les enfants ne sont donc pas obligés de participer activement à l'exercice vocal sur l'*Indicateur*, et plusieurs d'entre eux peuvent être inattentifs sans que le moniteur s'en aperçoive, ou sans qu'il sache à qui attribuer les fautes d'intonation commises par négligence ou par incapacité.

Avis. Comme *appendice* aux tableaux du premier cours il est donné en deux feuilles des notions de *plain-chant* dont chacun appréciera l'utilité et la convenance.

TABLEAU D'APPENDICE DU PREMIER COURS
OU
NOTIONS DE PLAIN-CHANT EN DEUX FEUILLES *A* ET *B*.

Les *notions pratiques* de plain-chant, distribuées sur les deux feuilles (*A* et *B*) de l'appendice du premier Cours, devaient être précédées de *notions historiques* et de *notions théoriques;* mais on a craint d'introduire dans cette première partie des tableaux de la méthode des notions qui, quoique fort intéressantes par le fond, paraîtraient peut-être sortir du cadre purement élémentaire dans lequel tout le reste du *premier cours* a été strictement renfermé. Le tableau déjà composé a donc été supprimé; mais dans l'espoir que les notions exactes qu'il contenait pourront inspirer quelque interêt, placées dans ce *Complément du Guide*, on va les reproduire ici en deux paragraphes.

§ I.
Notions historiques.

Le *plain-chant* est un reste défiguré, mais précieux, de l'ancienne musique grecque. Voici comment cette transformation s'est opérée.

Les Grecs subjugués ayant apporté tous les arts à Rome, la musique n'y fut pas oubliée, et dès le commencement de l'ère chrétienne on en fit usage dans les assemblées religieuses. Mais là on s'en tint d'abord à une sorte de récitation musicale des psaumes, telle à peu près que nous la connaissons aujourd'hui, et tirée sans doute du chant des Israélites répandus en Égypte, dans la Palestine, dans l'Asie-Mineure, la Grèce et l'Italie.

Pendant les temps de persécutions plus ou moins vives et jusqu'à la fin du IVe siècle, il n'y eut rien de fixe dans le chant de l'église; mais vers l'an 370, saint Ambroise, archevêque de Milan (ou saint Miroclet), donna une première forme régulière au chant ecclésiastique, et, d'après les *modes* de l'ancienne musique grecque, il lui imposa des règles particulières, afin qu'il fût plus sévèrement approprié à son objet et aussi pour le sauver de la barbarie et du dépérissement où la musique tombait alors. Les mélodies choisies par saint Ambroise étant fort simples et presque toutes syllabiques, on a donné aux chants de ce caractère le nom de *chant Ambroisien ;* telles sont les *préfaces de la messe*, *le symbole de Nicée*, etc.

Dans le Ve siècle et dans une grande partie du VIe, l'invasion des Barbares avait réduit la musique aux chants de l'église, lorsque, de 509 à 604, le pape saint Grégoire-le-Grand, faisant de nouveaux emprunts à la musique grecque, compléta le système ambroisien et donna au chant ecclésiastique romain la constitution fixe et définitive qu'il a conservée jusqu'à nos jours.

Saint Grégoire confectionna en outre un rituel composé de pièces choisies dans les meilleurs restes de l'antiquité, et, non content d'avoir formé un corps complet de doctrine, il prit le meilleur moyen de le maintenir et de le propager par l'établissement d'une école où l'on élevait dans la science du chant de jeunes orphelins qui fournissaient ensuite de bons chantres aux diverses églises de la chrétienté.

Déjà avant lui, vers 495, sur la demande de Clovis à Théodoric-le-Grand, le chant perfectionné avait été introduit en France par le chanteur Acorède, choisi par le savant Boèce; mais ce fut le moine saint Augustin, l'apôtre de l'Angleterre, qui, envoyé par saint Grégoire, introduisit le *chant romain* dans ce pays, comme il fut aussi porté en Allemagne, vers cette époque, par saint Boniface de Mayence.

En 787, Charlemagne ayant demandé au pape Adrien Ier des chantres pour corriger de nouveau le chant français, le pape lui en donna deux très instruits nommés Théodore et Benoît, avec des antiphonaires notés par saint Grégoire lui-même. De ces deux chantres, l'un fut placé à Soissons et l'autre à Metz, et Charlemagne ordonna à tous les chantres de France de corriger leurs livres et d'apprendre le chant romain; ce qui s'exécuta avec plus ou moins de difficultés et de succès.

Ainsi du IIIe siècle au VIIIe, et même jusqu'au XVe, la mélopée ecclésiastique fit de constants progrès; en effet, l'église, pour donner plus de pompe et de solennité à ses cérémonies, avait admis successivement dans la liturgie des cantiques et des hymnes dont les mélodies plus variées étaient assujéties à une sorte de rythme à la fin de chaque verset ou de chaque strophe; certaines hymnes même, composées à l'instar de la poésie grecque ou latine, étaient entièrement soumises à la quantité rythmique. Enfin, au XVe siècle, par suite de la révolution opérée dans le système musical par *Guido d'Arezzo* (1022), le chant à plusieurs parties, qui commençait à devenir en usage, venant à être considéré comme *musique* proprement dite, sous le nom de *res facta* (composition), *musica ficta* (musique feinte), le chant simple, uni et non mesuré de l'église conserva exclusivement le nom de *musica plana*, *cantus planus*, PLAIN-CHANT. En mémoire des améliorations et des corrections que saint Grégoire avait faites à toutes les pièces du chant ecclésiastique, et parce qu'il avait mis de l'ordre dans les graduels et les antiphonaires qu'il copia lui-même ou qu'il fit copier sous ses yeux, le plain-chant se nomma aussi *cantus gregorianus*, CHANT GRÉGORIEN.

« Le *chant grégorien* ou *romain*, établi par Charlemagne, subsista assez « généralement en France jusqu'au commencement du XVIIIe siècle, époque à « laquelle les évêques français résolurent de réformer leur liturgie, ce qui eut « un résultat déplorable quant au chant, parce que presque partout des gens « ignorants et sans goût substituèrent des plain-chants insipides au chant « romain qui, dans son extrême simplicité, a conservé de la phrase et du « nombre. »

§ 2.

Notions théoriques.

Première constitution du chant ecclésiastique par saint Ambroise.

Vers l'an 370, saint Ambroise, archevêque de Milan, donna au chant ecclésiastique une première constitution qui fut conservée pendant près de deux siècles.

Il tira des anciens *modes grecs* quatre échelles diatoniques ayant pour *finales* les notes *ré, mi, fa, sol,* et pour limites l'étendue d'une octave.

N. B. Pour les détails sur le système des *tétracordes* grecs, voir le deuxième tableau complémentaire du deuxième cours.

Les quinze cordes ou notes du genre diatonique des Grecs, partagées en *tétracordes* ou demi-gammes de quatre notes.

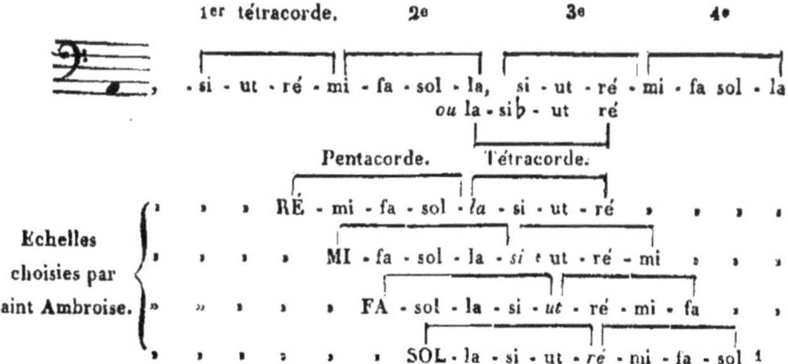

(1) Les syllabes *ut, ré, mi,* etc., sont employées ici pour indiquer les sons, quoiqu'à cette époque on se servît encore des lettres grecques. Deux siècles plus tard, saint Grégoire, remarquant que l'ordre de succession des sons se reproduisait le même de sept en sept degrés, réduisit les signes de la notation aux sept premières lettres de l'alphabet latin :

A - B - C - D - E - F - G, pour la première octave ;
a - b - c - d - e - f - g, pour la deuxième ;
aa - bb - cc - dd pour le commencement de la troisième octave.

C'est *Guido d'Arezzo* qui, dans le douzième siècle substitua les syllabes *ut, ré, mi,* etc. aux lettres ci-dessus.

Remarque. Chacune des échelles du chant ecclésiastique, comme celles des *modes grecs*, est divisée en deux parties inégales formant *pentacorde* (cinq notes) et *tétracorde* (quatre notes), tandis que, dans la musique moderne, la gamme est formée de deux tétracordes semblables par la disposition de leur demi-ton : *ut ré-mi-fa*, *sol-la-si-ut*.

Ces quatre échelles, modes ou *tons* primitifs de l'église, furent appelées *tons authentiques*, à cause de la haute approbation qu'ils reçurent ainsi de saint Ambroise.

N. B. Les expressions *modes* et *tons* sont équivalentes dans le plain-chant, tandis que dans la musique le *mode* est une modification du *ton*, puisqu'il y a, par exemple, *ton d'ut mode majeur*, *ton d'ut mode mineur*

Constitution définitive du Plain-Chant par saint Grégoire.

Deux siècles après saint Ambroise, entre 590 et 604, le pape saint Grégoire-le-Grand donna au chant ecclésiastique une constitution fixe et définitive en ajoutant au système ambroisien quatre autres modes grecs qui furent appelés *plagaux* ou collatéraux, à cause de leur position latérale par rapport à chacun des quatre tons *authentiques*.

On verra ci-après que dans le *plagal*, qui a la même *finale* que son authente, le *tétracorde* est au bas de l'échelle du ton au lieu d'être en haut.

(Remarquer ci-après : 1° la position latérale du ton *plagal* par rapport à son *authente* ; 2° la *finale* (○○) commune aux deux tons collatéraux ; 3° la transposition du tétracorde qui, dans le plagal, est au bas de l'échelle du ton.)

TABLE DES HUIT TONS RÉGULIERS DU PLAIN-CHANT TIRÉS DES MODES DE L'ANCIENNE MUSIQUE GRECQUE,
PAR SAINT AMBROISE (LES TONS IMPAIRS), ET PAR SAINT GRÉGOIRE (LES TONS PAIRS).
(Signes : ○○ finales, ○ dominante.)

Nom des Modes Grecs.	DORIEN.	HYPO-DORIEN.	PHRYGIEN.	HYPO-PHRYGIEN.
Tons du Plain-Chant.	Ier ton (authentique). Pentacorde. Tétracorde.	IIe ton (plagal).	IIIe (authentique).	IVe (plagal).
Nom des Modes Grecs.	LYDIEN.	HYPO-LYDIEN.	MIXO-LYDIEN.	HYPO-MIXO-LYDIEN.
Tons du Plain-Chant.	Ve (authentique).	VIe (plagal).	VIIe (authentique).	VIIIe (plagal).

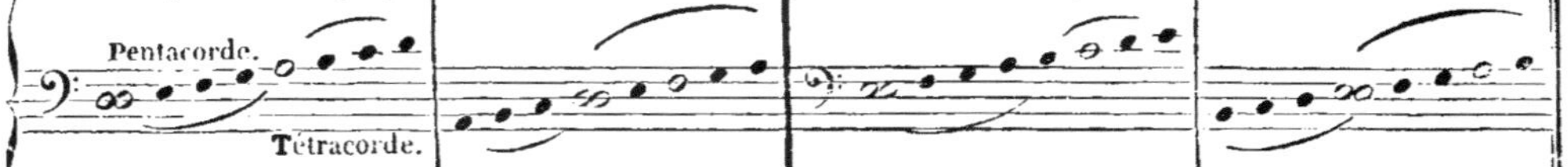

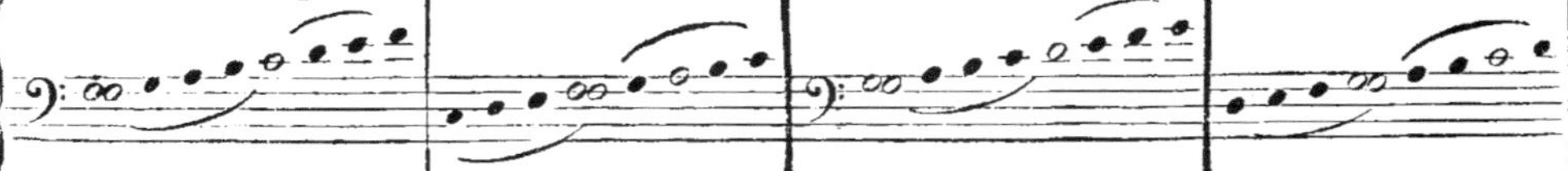

N. B. On a d'abord compté *douze tons* du plain-chant, comme *douze modes grecs*, en prenant des six notes *ré, mi, fa, sol, la, ut* pour finales; mais le nombre en a été réduit à huit, parce que les quatre derniers tons (finales *la* et *ut*) n'offraient que des transpositions exactes des tons I-II et V-VI (finales *ré* et *fa*).

D'après leur rang respectif, les authentes se nomment communément *tons impairs*, et les plagaux *tons pairs*.

(On imprime hymne du 1, hymne du 6, antienne du 8, pour indiquer du premier ton, du sixième ton, du huitième ton.)

Outre sa finale, chaque ton a encore une note très remarquable; c'est la *dominante*, ainsi nommée parce qu'elle domine dans les mélodies (répons, graduels, etc.), et surtout parce que c'est sur cette note que se fait la *psalmodie* ou récitation des *psaumes*, d'une manière qui tient le milieu entre le chant et la parole.

(Voir les dominantes notées en *o*).

La *dominante* des tons authentiques est la *quinte* même de la finale, et la dominante du plagal est une *tierce au-dessous* de la dominante; dans aucun cas le *si* n'est employé pour dominante; on lui substitue la note *ut*.

(Vérifier ce rapport des finales avec les dominantes.)

Remarque. Les *tons de l'église* ne sont pas soumis aux lois des *tons de la musique* (tableaux 24 et 25); les deux demi-tons n'y sont pas toujours entre 3-4 et 7-8; au contraire, dans le plain-chant ils restent au lieu qu'ils occupent naturellement dans chaque échelle, à moins qu'il n'arrive un *si*♭ pour éviter le *triton fa-si* ou la *quinte diminuée si-fa*, qui sont exclus comme durs et difficiles à entonner. C'est parce que le *si* est ainsi *variable* qu'on lui substitue l'*ut* comme dominante dans le troisième et dans le huitième.

La *tonalité* des modes ecclésiastiques resulte donc bien moins du lieu différent des deux demi-tons dans chaque mode que du rapport tout-à-fait caractéristique de la *finale* avec sa *dominante* authente ou plagale.

REMARQUES SUR LES TABLEAUX

DU DEUXIÈME COURS DE LA MÉTHODE.

(3e-VIIIe ou 3e Section de la VIIIe Classe.)

Ainsi que nous l'avons déjà rappelé au commencement de la 2e - VIIIe qui complète les études de lecture musicale et de chant élémentaire pour les élèves des *écoles primaires élémentaires* et pour les *commençants* dans les institutions; la série des tableaux du deuxième cours (3e-VIIIe, tableaux 43 à 75 et tableaux d'appendice) offre, dans une même suite de *divisions* des *Secondes*, des *Tierces*, etc., un enseignement complémentaire et de perfectionnement sur chacune des études précédentes, pour les écoles *primaires supérieures* et pour les autres établissements d'instruction publique.

TABLEAU 43.

1. Troisième analyse de la *Seconde*.

Remarque. Dans le deuxième cours de la méthode, tous les intervalles (de la *seconde* à *l'octave*) se présentent écrits d'abord en notes naturelles ou altérées sur presque tous les degrés; puis on s'assure du savoir réel des élèves à cet égard en se servant des deux notes *blanches* de l'*Indicateur-Vocal* pour faire poser non-seulement les deux notes de l'intervalle dont on analyse actuellement les variétés, mais encore, et par occasion, tous les intervalles revus précédemment.

Ce dernier travail d'une analyse, qui est à la fois théorique et pratique, fort utile pour donner plus de sûreté à l'intonation à vue de musique, sert en même temps d'excellente préparation pour les études d'*harmonie*. (Introduction du *Guide*, page 11.)

2. Troisième étude de l'intervalle de secondes; parties d'accompagnement.

Remarques du tableau 26.

TABLEAU 44.

1. Troisième analyse de la *Tierce*.

Remarque du tableau 43.

Avis. Ici, comme dans le premier cours, on doit toujours continuer les lectures littérales ou lectures rythmiques, selon les procédés accoutumés, en attendant le tour de chant particulier de chaque groupe ou l'ensemble des groupes différents.

2. Troisième étude de l'intervalle de la *Tierce*.

Remarques du tableau 26.

TABLEAU 45.

Suite de la troisième étude de l'intervalle de la *Tierce*.

1° Dernière remarque du tableau 23-*A* sur l'utilité de faire toucher et solfier ou chanter sur la main tous les airs de la méthode.

2° Remarques du tableau 26.

TABLEAUX 46, 47 ET 48.

(Voir la table synoptique des tableaux.)

Remarques du tableau 43 pour les analyses et du tableau 26 pour l'exécution.

TABLEAU 49.

1. Troisième analyse de la *Quinte*.

Remarque du tableau 43

2. Troisième étude de l'intervalle de *Quinte*. — Syncopes régulières et syncopes brisées.

REMARQUE. Ce tableau donne sur les syncopes les développements annoncés par le tableau 26 (premier cours).

TABLEAU 50.

Suite des chants et des solféges sur l'intervalle de *Quinte*.

REMARQUE. Pour la marche n° 4, comme pour tous les morceaux dont les *parties* sont sur une même feuille, les *parties* doivent être lues en mesure, solfiées et chantées d'abord séparément et à l'unisson.

TABLEAUX 51, 52 et 53.

(Voir la table synoptique des tableaux.

Remarque du tableau 43 pour les analyses.

Remarques des tableaux 26 et 50 pour l'exécution.

TABLEAU 54 - *A* et *B*.

(Deuxième cours.)

Suite des études rythmiques du $\frac{6}{8}$.

REMARQUE. Ce tableau est le complément des études commencées sur le tableau 37 (premier cours) et terminées sur le tableau 59.

TABLEAU 55.

Suite de la troisième étude de l'intervalle de *Sixte*; nouvelle étude des triolets.

(Tableau 39, premier cours.)

Remarque du tableau 50.

TABLEAU 56 - *A* et *B*.

1. Modulations. — Table des modulations ordinaires. — Tons et modes analogues.

2. Tons et modes incertains dans la mélodie; modulations extraordinaires.

REMARQUE. On remettra en lecture les deux feuilles de ce tableau, ainsi que celles du tableau 64 - *A* et *B*, comme on doit d'ailleurs le faire, en général, pour les tableaux où il y a des textes qui demandent à être revus jusqu'à ce qu'ils aient été bien appris.

TABLEAUX 57, 58, 59 et 60.

(Voir la table synoptique des tableaux.)

Remarques du tableau 43 pour les analyses, et des tableaux 26 et 50 pour l'exécution.

TABLEAU 61 - *A*.

Exercices rythmiques et préparatoires pour la mesure dite à un temps et pour la mesure à cinq temps. — Première solmisation à un temps.

REMARQUE. L'exercice préparatoire sur la mesure à cinq temps suffit pour faire connaître cette mesure, qui est peu usitée, mais dont on trouve un heureux emploi dans un morceau de *la Dame Blanche* de Boieldieu.

TABLEAU 61 - *B*.

Lecture de la clef d'*ut* à toutes ses positions.

Remarque 1. Il faut repasser les exercices de la mutation des clefs mobiles sur l'*Indicateur-Vocal* d'après les procédés du chapitre IV (page 59).

Remarque 2. Au moyen des exercices préparatoires et si faciles de la transposition de clefs mobiles sur l'*Indicateur-Vocal*, les grandes difficultés de la transposition notée et de la lecture avec changement de clef sont aplanies, tant pour ce tableau que pour le tableau 67-*B*.

TABLEAUX 62 et 63.

(Voir la table synoptique des tableaux.)

Remarques des tableaux 45, 50 et 26.

TABLEAU 64 - *A* et *B*.

1. Analyse de la phrase et de la période musicale. — Rythme, dessin, symétrie, répétition, imitation. — Incise.

2. Ponctuation musicale. — Ce qu'on entend par phraser et prosodier en chantant.

Remarque. Ce tableau, dont l'objet est de la plus haute importance pour l'entente de l'exécution musicale, sera remis en lecture, comme cela a déjà été recommandé pour le tableau 56 et autres tableaux avec texte.

TABLEAUX 65 à 72.

(Voir la table synoptique des tableaux.)

Remarques des tableaux 26, 45, 50 et 64.

TABLEAU 72.

Fin des solfèges de la division des octaves.

Remarque. Ici se termine la gradation que l'auteur a cru nécessaire d'établir dans sa méthode par rapport aux études, tour à tour séparées ou réunies, sur l'intonation et le rythme. Il ne reste plus qu'à entretenir les élèves dans cet état d'avancement de *lecture musicale et d'exécution vocale*, afin de cultiver leurs dispositions et de perfectionner leur goût [1]. Arrivés à ce point, les élèves, à qui cela pourrait être utile, commenceront avec succès les études du *second degré de l'Instruction musicale*, telles que nous les avons décrites dans l'Introduction du *Guide* (page XII).

(1) Consulter à cet égard le *N. B.* du tableau actuel.

TABLEAU 73 - *A* et *B*.

Deux morceaux composés par Perne pour les concours de solfége du Conservatoire de Paris. — Changements de clefs, de mesures et de mouvements.

Remarque. Tableau à mettre en réserve pour le présenter aux élèves les plus habiles à des époques d'examens.

TABLEAUX D'APPENDICE DU DEUXIÈME COURS,

EN 4 FEUILLES.

APPENDICE n° 1 - *A* et *B*.

1° Origine et génération des sons de la gamme diatonique.

Remarque 1. La feuille *A* de ce tableau offre des notions succinctes, mais exactes, sur le fait important de l'*origine et de la génération des sons de la gamme diatonique.* Nous désirons qu'il soit possible de le lire avec l'attention qu'il semble devoir mériter comme établissant les véritables fondements de toute connaissance harmonique. Pour être parfaitement compris, il ne demande d'ailleurs aucun effort ; et, comme il était le quarante-septième tableau de la deuxième édition, nous avons vu de jeunes enfants de dix à douze ans le suivre avec intérêt et en raisonner parfaitement bien, parce qu'ils possédaient tous les éléments précédents dont ce tableau n'est que le résumé.

Remarque 2. Il est nécessaire d'avoir égard aux renvois à l'*Indicateur-Vocal,* en y appliquant les procédés décrits dans le chapitre IV, page 65.

Remarque 3. Voici le détail des expériences que l'on peut faire sur le forte-piano, et même avec une guitare, pour rendre sensible à l'œil et appréciable à l'oreille le fait de la résonnance des harmoniques d'une corde sonore et grave.

1° Deux cordes sonores (c'est-à-dire susceptibles de rendre des sons musicaux) étant tendues et montées de manière à produire l'octave l'une de l'autre, si l'on fait vibrer la première, on voit frémir la deuxième et on l'entend résonner : cette première expérience est facile à vérifier sur plusieurs instruments, tels que le *piano,* la *guitare,* etc.

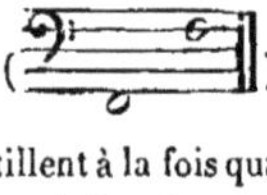

(1° Pour le *piano,* en levant les étouffoirs, si l'on met sur chacune des deux cordes, par exemple ([notation musicale]) un petit morceau de papier à cheval (∧), les deux papiers sautillent à la fois quand le marteau du clavier frappe une seule de ces deux cordes; et si l'on frappe le *sol* qui est tout à côté, les papiers ne bougent pas. 2° Pour la *guitare,* en pinçant à vide la troisième corde (*ré*), le petit papier placé à cheval sur son octave (cinquième corde, troisième case) sautille, et le papier placé sur la troisième corde *sol* ne bouge pas.)

3° Dans tout système de cordes sonores tendues et accordées, l'octave n'est pas le seul son qu'une corde grave fasse résonner; on voit encore vibrer les cordes qui donnent la douzième et la dix-septième du son générateur (c'est-à-dire l'octave de sa quinte et la double octave de sa tierce). Cette deuxième expérience peut se vérifier comme la première.

(Même emploi de petits papiers à cheval sur les cordes qui doivent vibrer, afin de les voir sautiller lorsque l'on donne le son générateur, tandis que d'autres papiers sur des cordes intermédiaires ne bougent pas.)

3° Enfin, un troisième phénomène musical, plus étonnant peut-être, consiste en ce qu'un corps sonore et grave mis en vibration produit à lui seul et à la fois le son principal 1, entendu pleinement, et, avec un degré de force décroissante, l'octave, la douzième et la dix-septième.

Voici un exemple noté à partir du *fa*.

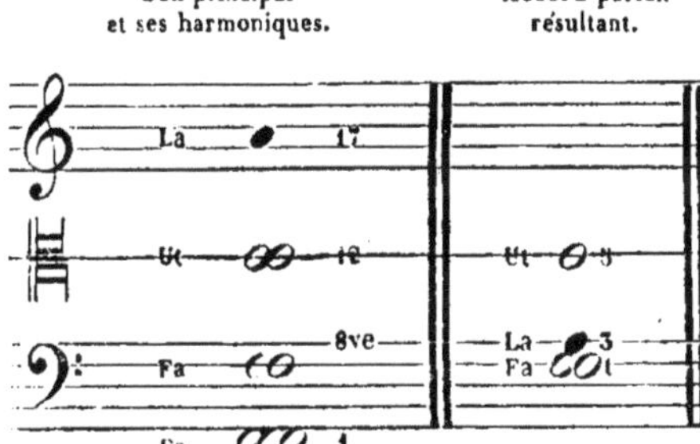

N. B. On a marqué ici par la différence des signes de la notation le degré de force décroissante des sons : *OOO* indique le son générateur ; *OO* est son octave (faible) ; *O* sa douzième (plus faible), et ● sa dix-septième (très faible).

Cette troisième expérience, plus délicate à faire que les deux premières, peut se vérifier sur une corde grave de la basse ou de la contre-basse, et avec un tuyau d'orgue. — En levant les étouffoirs du forte-piano on entend aussi les sons co-existants notés ci-dessus, tant parce qu'ils sont produits par la corde génératrice que parce qu'ils résultent de la vibration des cordes à l'octave, à la douzième et à la dix-septième.

4° Les sons qui co-existent ainsi avec un son principal se nomment ses *harmoniques*. Dans l'exemple précédent, les harmoniques de *fa* sont *fa* (octave), *ut* (douzième), *la* (dix-septième), ce qui produit, en transportant le *la* à son octave inférieure la succession des tierces de l'accord parfait 1 3 5.

(A faire examiner sur l'exemple : 1° pour le son principal et ses harmoniques, 2° pour la formation des tierces successives de l'accord parfait.)

N. B. Une note grave du piano, touchée fortement en octaves, fait vibrer et résonner ses harmoniques parmi les cordes d'une guitare posée à plat sur ce piano. On peut vérifier l'expérience en accordant la guitare avec le piano et en plaçant de petits papiers à cheval sur les cordes. (Extrait des douze leçons hebdomadaires de musique vocale par M. B. W.)

2. Origine et génération des sons de la gamme chromatique.

Remarque. Cette feuille *B* ne paraît surchargée qu'à cause du texte de *procédés*, qui, s'il est suivi scrupuleusement, fera comprendre facilement un point ardu de la théorie, bien nécessaire pourtant pour arriver à une pratique éclairée de la simple exécution musicale. On y découvrira par une suite de déductions fort simples le fait matériel de toute espèce de composition musicale.

APPENDICE n° 2, *A* et *B*.

1. Aperçu historique des progrès de la notation musicale, etc. — 2. Recherches sur la main harmonique des anciens, etc.

Remarque 1. Une grande partie du texte même de la feuille *B* de ce tableau a été insérée dans les *Remarques sur le tableau des mains musicales* (page 78), parce que le *Guide complet* sera fourni aux personnes qui peuvent ne pas avoir le deuxième cours.

Remarque 2. D'après le cercle étroit que l'on s'était tracé ici, il n'a pu être dit qu'un mot sur le système des tétracordes grecs ; mais on trouvera dans le tome XII, p. 67, du *Dictionnaire des découvertes*, un article que nous y avons fourni sur une *Nouvelle exposition de la séméiographie*, ou *Notation musicale des Grecs, par F. L. Perne*, savant et consciencieux artiste dont l'Europe musicale déplore la perte récente.

APPENDICE,

Ou Recueil des Rapports et autres pièces officielles à consulter pour renseignements relatifs à la *première édition de la Méthode* (1821), et par conséquent à la *première introduction du chant dans les écoles élémentaires en* 1819.

A MONSIEUR

LE COMTE CHABROL DE VOLVIC,

CONSEILLER D'ÉTAT, PRÉFET DU DÉPARTEMENT DE LA SEINE, PRÉSIDENT HONORAIRE DE LA SOCIÉTÉ POUR L'ENSEIGNEMENT ÉLÉMENTAIRE, MEMBRE DE L'ACADÉMIE ROYALE DES BEAUX-ARTS, ETC.

Monsieur le Comte,

Publier sous vos auspices la *Méthode de musique et de chant* adoptée par la Société pour l'Instruction Elémentaire, et déjà si puissamment encouragée par vous, c'est rendre à la protection la plus éclairée l'hommage d'une légitime reconnaissance.

Puissent de nouveaux succès justifier la bienveillante approbation accordée aux premiers résultats de cet ouvrage. Puissent-ils contribuer à étendre sur toutes les classes de la société l'influence morale d'un art qui vous devra une grande partie de sa véritable naturalisation en France !

J'ai l'honneur d'être avec un profond respect,

Monsieur le Comte,

Votre très humble et très obéissant serviteur,

BOCQUILLON-WILHEM.

Paris, 1821.

EXTRAIT DE LA PRÉFACE

DE LA PREMIÈRE ÉDITION (1821).

Il existe dans les arts plusieurs points de théorie et beaucoup de détails de pratique qui sont confiés à la simple tradition; ce sont, pour ainsi dire, des secrets que les professeurs habiles et les grands maîtres peuvent seuls révéler. Pourquoi cependant les livres n'essaient-ils pas, en général, de fixer une partie de ces traditions? C'est qu'elles semblent se refuser à un classement régulier, et que souvent on fait dépendre leur communication d'une sorte d'à-propos, qui, pour naître, attend la faute de l'écolier, mais ne la prévient pas. Certes, le plus grand nombre des cas de la pratique ne saurait se passer d'une transmission orale et de la présence du maître; mais aussi beaucoup de préceptes épars et fugitifs pourraient enrichir nos traités. Il paraîtrait donc que, par rapport à ces préceptes surtout, le mérite essentiel d'un ouvrage classique devrait être d'ordonner le travail de telle sorte qu'il ne se présentât guère à l'esprit d'un élève que des questions d'à-propos dont la réponse déductive lui fût immédiatement offerte par son livre. Ce plan de composition renferme de grandes difficultés, si on veut l'appliquer à une partie quelconque des études musicales. Toutefois, pour tenter un essai, j'ai cherché à employer les moyens qui conviennent à toute espèce d'instruction, lorsqu'on veut n'omettre aucun des faits principaux; ce sont les procédés analytiques et les conséquences logiques.

Le mode d'enseignement des écoles mutuelles commandait également cette marche, si facile à suivre et si difficile à frayer. Pour ces écoles tout doit être clair et précis; chacun y sait ce qu'il a étudié, parce qu'il a compris le mécanisme de son instruction; et l'enfant parvenu aux fonctions de moniteur général saisit le rapport de chaque partie avec le tout, comme il embrasse aussi d'un coup d'œil les parties diverses dont le tout se compose.

Quelle est donc la magie de cet enseignement dont l'attrait est si vif et si puissant pour les jeunes élèves! Le principe pourrait-il en être blamâble, les procédés en sont-ils étranges, et ses résultats sont-ils incertains? Non. Diviser l'étude d'une matière en sections dont l'objet spécial soit bien déterminé, et dont les rapports se saisissent sans efforts; établir dans chaque section un ordre ascendant de difficultés appréciables par tous les esprits; obtenir dans un même temps et dans le même lieu la simultanéité du travail de ces diverses sections; remplir d'une noble émulation l'élève qui dépasse ses rivaux sans les humilier; laisser la carrière ouverte tout entière devant l'activité et la force, sans rebuter la faiblesse; récompenser la sagesse et le savoir par l'honorable mission de diriger et d'instruire ses semblables; distinguer ainsi l'élite d'une école nombreuse et former de jeunes sujets qui, tour à tour maîtres et écoliers, ont toujours à gagner en reportant une attention nouvelle sur les objets de leurs études antérieures : voilà les principes, les procédés et les résultats de l'enseignement mutuel *proprement dit*, de ce système parfait d'instruction dans lequel il y a *une place pour chacun*, parce que *chacun y est à sa place*. Les esprits éclairés sentent l'excellence du principe et l'utilité des procédés; pourquoi tous ces esprits n'en approuvent-ils pas les conséquences[1]!

. . . .

(1) L'objet de l'ouvrage, le plus grand nombre de ses procédés et sa classification rigoureuse doivent également se distinguer de ce que les personnes qui ne connaissent pas assez l'organisation des écoles modernes pourraient citer comme le premier modèle de l'enseignement mutuel musical. Je veux parler d'une partie de la méthode des Conservatoires d'Italie. Le premier volume de musique de l'*Encyclopédie méthodique*, publié en 1791, donne une description fort curieuse de l'un de ces établissements, à l'article *Conservatoire*, fourni par feu M. Framery. Voici la transcription littérale de cette description.

« Il y a trois Conservatoires à Naples pour les garçons; il y en avait quatre à « Venise pour les filles. Ceux de Naples sont : *Sant. Onofrio, la Pietà* et *Santa* « *Maria di Loretto*. Ce dernier, le plus fameux, conserve le souvenir d'avoir eu « pour maîtres *Leo* et *Durante*, et d'avoir formé pour élèves les *Traëtta, Piccini,* « *Sacchini, Guglielmi, Anfossi, Paësiello,* etc.

« Il y a environ quatre-vingt-dix élèves à *Sant. Onofrio*, cent vingt à *la Pietà* « et deux cents à *Santa Maria di Loretto*. Chacun d'eux a deux maîtres princi- « paux, dont l'un enseigne la composition, et l'autre l'art du chant. Il y a en « outre, pour les instruments, des maîtres externes, qu'on appelle *maestri seco-* « *lari;* ils enseignent le violon, le violoncelle, le clavecin, le hautbois, le « cor, etc., un maître pour chaque instrument, mais seulement pour les instru- « ments usités dans les orchestres.

« On demandera peut-être comment un seul maître pour la composition, com- « ment un seul pour le chant peuvent donner leçon à deux cents élèves. On « pourra croire qu'un grand nombre passe souvent plus de huit jours sans en re- « cevoir; on se tromperait. Chaque écolier reçoit chaque jour une leçon au moins « d'une heure, dans chaque genre, et voici comment on s'y prend :

« Le maître choisit quatre ou cinq des plus forts élèves; il les exerce tour à « tour en présence l'un de l'autre avec le plus grand soin. Quand cette leçon est « donnée, chacun des élèves qui l'a reçue la rend à son tour à quatre ou cinq au-

Arrivé au moment d'une rédaction définitive, et pour laquelle, à bien des titres, je demande une entière indulgence, j'ai songé que les professeurs ne devaient pas avoir à recommencer leurs études pour être en état d'introduire la méthode dans

« tres d'une classe inférieure, et sous l'inspection du maître. Ces seconds écoliers « en font autant, et la leçon se propage ainsi jusqu'aux derniers rangs. Parmi « tous les avantages sensibles de cette méthode, il faut distinguer ceux-ci, qu'en « même temps que les élèves s'instruisent dans l'art musical, ils apprennent à « enseigner les autres; qu'ils ne peuvent écouter légèrement les préceptes qu'on « leur donne sans que le maître s'aperçoive à l'instant même de leur négligence « ou de leur distraction, et que les principes de l'art ainsi reçus et rendus au « même moment se gravent dans leur esprit de manière à ne jamais s'en effacer.

« M. Burney, auteur anglais d'une *Histoire générale de la musique*, a publié « en 1771 une description curieuse de sa visite au *Conservatoire de Sant. Onofrio*. « On sera peut-être bien aise d'en trouver ici la traduction.

« J'allai ce matin, dit-il (vendredi 31 octobre 1770), à ce *Conservatoire* pour « visiter les salles où ces jeunes gens étudient, couchent et mangent. Sur le palier « du premier étage était un joueur de trompette, faisant crier si fort son instru- « ment qu'il était près d'en crever. Au second était un cor, beuglant à peu près « de la même manière. Dans la salle commune des études était un *concert hollan- « dais*, consistant en sept ou huit clavecins, un plus grand nombre de violons « et diverses voix, tous exécutant des choses différentes et en différents tons. D'au- « tres élèves écrivaient dans la même salle; mais comme il était fête, un grand « nombre de ceux qui travaillent ordinairement dans cette salle en étaient alors « absents. Il peut être convenable pour la maison de les réunir ainsi tous ensem- « ble; cela doit accoutumer les élèves à être fermes sur leur partie, quelle que soit « celle qu'ils entendent exécuter en même temps; ils doivent encore y gagner de la « vigueur, étant obligés de jouer fort pour s'entendre eux-mêmes; mais au milieu « d'une telle confusion, de cette dissonance perpétuelle, il est absolument impos- « sible qu'ils donnent à leur exécution un certain degré de délicatesse et de fini; « de là cette dégoûtante rudesse, si remarquable dans leurs exercices publics, et « ce manque absolu de goût, de netteté, d'expression qu'on reproche à ces « jeunes musiciens, jusqu'à ce qu'ils les aient acquis ailleurs.

« Leurs lits, qui sont dans la même salle, leur servent à placer leurs clave- « cins et autres instruments. De trente à quarante jeunes gens qui étudiaient dans « cette salle, je n'en pus trouver que deux qui jouaient le même morceau... Les « violoncelles s'exerçaient dans une autre, et les flûtes, les hautbois et autres « instruments à vent dans une troisième, excepté les trompettes et les cors, qui « sont obligés de jouer sur les degrés ou sur le comble de la maison.

« La seule vacance pour toute l'année, dans ces écoles, est en automne, et ne « dure que peu de jours. Dans l'hiver, les jeunes gens se lèvent deux heures « avant le jour et ne cessent d'étudier depuis ce moment jusqu'à huit heures « du soir, excepté une heure et demie pour le temps du diner. Cette constance « au travail pendant plusieurs années, jointe à leur génie naturel et à de bons « principes, doit en effet produire de grands musiciens. »

Il est dit dans cette citation que les jeunes gens travaillent à la musique depuis six heures du matin jusqu'à huit heures du soir, et pendant plusieurs années. C'est assurément beaucoup de temps, et on pourrait soupçonner qu'avec ce temps et les moyens naturels d'élèves distingués (on renvoie ceux qui n'ont pas les établissements qui leur sont confiés, et tout en cherchant à procurer la solidité d'une véritable instruction, je me suis astreint à n'employer pour la notation que les signes qui sont connus, ou directement ou par analogie, des maîtres, des parents et des élèves.

Les personnes instruites reconnaîtront que ce qu'il y a de commun entre les autres ouvrages et le mien tient essentiellement à la nature du sujet, et dérive de sources communes dont

de dispositions), les jeunes chanteurs apprennent plutôt malgré la méthode d'exécution simultanée que par le secours de cette méthode. Quant à la transmission de la leçon du jour, on voit que les premiers élèves instruisent les seconds, les seconds instruisent les troisièmes, etc. Cela ne se passe donc pas instantanément, mais d'heure en heure, et tous les élèves ne reçoivent à peu près dans le jour qu'une même leçon donnée par des *répétiteurs*, procédés qui ne sont pas ceux de la méthode décrite dans cette préface. Il est vrai que c'est un peu l'enseignement dit mutuel des écoles dans lesquelles la Société déclare que ce mode n'existe pas, parce que par le seul mot de *mutuel* elle sous-entend, non un procédé ou deux de la méthode, mais toute l'organisation des écoles autorisées sous ce nom par le gouvernement.

On n'admet les exercices spéciaux de musique et de chant dans les écoles élémentaires que pendant une heure et quelques minutes, retranchées d'ailleurs d'une trop longue récréation. Il a donc fallu une disposition d'instruction telle que, dans cette limite étroite, toutes les classes de musique pussent chanter successivement et simultanément.

Pour chercher à accomplir la belle pensée de M. de Gérando, je me suis défendu de risquer les discordances de chants non composés pour être exécutés ensemble. Il s'agit ici d'éviter les cris, et non d'en laisser pousser à qui mieux mieux par des enfants qui chercheraient à s'entendre au milieu d'une sorte de *charivari*. La malheureuse coutume de chanter ainsi est reprochée à certains concerts populaires, et l'éducation auriculaire doit tendre au contraire à faire changer cette pratique pour la génération qui s'élève. Les *suspensions* et les *retards* harmoniques sont déjà de trop dans les premiers temps de l'introduction du chant dans un établissement public [1].

J'ai cru que, pour des oreilles absolument novices ou qui ont besoin d'être ramenées à des sensations plus douces, il était utile de leur donner d'abord une idée de la convenance des sons purement consonnants, et que le premier point était de mettre les élèves à même de distinguer ce qui est mal par un vif sentiment et une pratique soutenue de ce qui est bien. Lorsqu'on voudra, comme dans les écoles dont parle le docteur Burney, essayer des ensembles discordants, on fera exécuter simultanément des parties de chant qui ne se rapportent pas au même morceau. Une expérience de cette nature peut se tenter, et l'on jugera facilement de la différence des résultats sur la physionomie des élèves, des maîtres et des assistants.

(1) Ce que l'on peut présenter de hardi, et presque tout ce que la règle peut imposer de plus sévère aux oreilles des jeunes élèves, est accumulé dans la méthode concertante de M. Choron, à laquelle on doit déjà d'excellents lecteurs.

je ne voudrais pas supposer que les inventeurs modernes ignorassent l'existence.

Je ne prétends pas avoir inventé ce qu'on trouve dans *Sebalde Heyden* (dont l'ouvrage a été imprimé en 1537) et dans ses prédécesseurs, c'est-à-dire une portée sans notes composée de *dix* lignes, dont il extrait ensuite trois portées particulières de cinq lignes chacune, sous la dénomination de *pars systematis acuta* (clef d'*ut* sur la première ligne), *pars systematis media* (clef d'*ut* sur la troisième ligne), *pars systematis gravis* (clef de *fa* sur la quatrième ligne). L'extraction des petites portées tirées d'une seule grande, a été également reproduite par J.-J. Rousseau lorsqu'il trace d'abord une portée de *douze* lignes. Mais cette idée n'est ni développée ni suivie dans ces auteurs, comme je l'ai fait avec *onze* lignes sur mes tableaux de principes (N° 15 à 20 1re édition). Je n'ai pas inventé la *main harmonique* des anciens: on lit dans le père Mersenne que *les enfants avaient coutume de prononcer et de chanter les notes en* MONTRANT AVEC UN DOIGT LA PLACE DE CES NOTES *aux phalanges et à l'extrémité des doigts de l'autre main;* mais j'ai substitué à ce moyen des *mains mélodiques* à côté desquelles j'ai eu le soin de rapporter la main harmonique. Je n'ai pas non plus inventé l'usage de la *baguette*, que les écoles d'enseignement mutuel ont accréditée en France dès 1815, et dont elles se servent pour faire étudier sur leurs tableaux, depuis les lettres isolées de l'alphabet jusqu'aux lignes et aux contours du dessin linéaire. On savait aussi depuis longtemps que la gamme est composée des deux tétracordes disjoints *ut ré mi fa* et *sol la si ut*, semblables l'un à l'autre par la disposition de leurs intervalles, et pouvant par conséquent se chanter avec les mêmes noms de notes, comme cela se faisait en partie au temps du chant par *muances*, qui a précédé celui de l'invention du nom de la note *si*. Je n'ai pas inventé la notation en chiffres, étendue par Rousseau; j'en ai pris seulement ce que les enfants savent partout: que huit personnes différentes peuvent se compter par 1, 2, 3, 4, etc.; que la première du rang peut s'appeler 1, la seconde 2, et ainsi des autres; d'ailleurs *mon système d'objets sensibles à la vue* est diamétralement opposé aux abstractions qu'offre la numération comme moyen de représenter les intervalles musicaux.

Mais je regarde comme appartenant à la méthode: la classification que j'y ai établie, le procédé des intervalles rendus sensibles à la vue par des *signes manuels;* l'*Indicateur-Vocal*, qui a

(1) *In ea siquidem notæ describuntur, in locis articulorum et in extremis digitis, in quibus a pueris cani pro untiarique solent.* Le Père Mersenne, *De Generibus et Modis*, Paris, 1636.

pour caractère distinctif ses *compartiments* diésés et bémolisés, et ses *clefs et notes mobiles* et *palpables*, caractère qu'aucun prédécesseur ne saurait réclamer ; les *mains mélodiques* et leur clef d'*ut*, sous forme d'anneau, qui les met en rapport avec le clavier général et *l'Indicateur-Vocal;* les procédés d'analyse tracés sur les tableaux des *études de la mesure*, et l'idée de faire prononcer les noms de figures des notes, *ronde*, *blanche*, *noire* (B), les *dictées parlées* et simultanées avec le chant; enfin je regarde, comme le propre de ma méthode, le système complet formé de tant de parties diverses. (N° III des rapports.)

(B) Le procédé qui consiste à faire lire et prononcer en mesure, sans chanter, les noms de notes *ut, ré, mi*, etc., n'est pas nouveau assurément ; mais il y manquait, à mon avis, une première exécution analytique fort importante pour l'entière décomposition des élémens de la lecture musicale. En effet, il y a déjà deux opérations réunies quand, sans chanter, on prononce des notes à tel ou tel *temps*, parce qu'elles ont une certaine figure, et qu'on les qualifie *ut*, *ré*, *mi*, parce qu'elles occupent une certaine position sur la portée. C'est pourquoi, dans la première classe de ma méthode, les premières figures de notes, rangées sur une seule ligne et n'offrant par conséquent aucune idée d'intonation, se lisent en battant la mesure et en prononçant les noms de formes *ronde*, *blanche*, *noire*.

FIN DE L'EXTRAIT DE LA PRÉFACE DE LA PREMIÈRE ÉDITION.

N° I.

PROPOSITION *soumise à la Société, le* 23 *juin* 1819,

PAR M. LE BARON DE GÉRANDO[1].

MESSIEURS,

Vous avez accueilli avec bienveillance les idées que j'ai pris la liberté de vous soumettre successivement, soit relativement au choix et à la confection des livres, soit relativement à l'enseignement élémentaire de la grammaire, soit relativement aux écoles d'adultes et de domestiques, soit relativement à une direction pour les apprentissages au sortir des écoles, soit enfin relativement aux soins de la surveillance qu'exigent les enfants dans l'intervalle des classes.

Oserai-je vous soumettre encore aujourd'hui une vue d'amélioration, dont je sens depuis long-temps le besoin, mais dont je m'étais interdit de vous parler jusqu'à ce jour, par la juste fidélité que je devais à la règle que nous nous sommes imposée de ne développer les améliorations qu'avec une sage lenteur, et d'une manière graduelle?

L'amélioration que je prends la liberté de vous proposer pourrait paraître prématurée à quelques personnes, singulière peut-être à d'autres. Mais la défiance que j'ai de moi-même se rassure, en me bornant à poser une question et à vous prier de l'envoyer à l'examen d'une commission spéciale, qui en jugera bien mieux les inconvénients ou l'utilité.

La question est celle-ci :

« Ne serait-il pas convenable d'ajouter dans nos écoles, à l'enseignement, quelques exercices de chant et de musique?

« Dans ce cas, quelle étendue, quelle méthode, quelle forme, quels instants devrait-on donner à ces exercices, pour les mettre en harmonie avec l'ensemble du système? »

Je supplie qu'on ne se prévienne pas; s'il est reconnu qu'on peut enseigner à lire et à écrire, sans faire de tous les enfants des savants et des gens de lettre *ex professo*, on concevra qu'il soit possible de laisser exercer les enfants au chant et à la musique, sans en faire pour cela des artistes et des *virtuoses*.

(1) (Journal d'éducation, tome VIII, page 234.) Paris, — Louis Colas, rue Dauphine, n° 32.

Qu'il me soit permis de demander si dans les ateliers de nos villes, si au travers des champs, nous ne rencontrons pas chaque jour des ouvriers, des laboureurs, qui, au milieu de leurs pénibles et monotones travaux, chantent aussi, et qui, loin de négliger leur ouvrage, le font, en chantant, avec plus d'ardeur et de gaîté. Ils ne rêvent point pour cela, ni aux concerts, ni à l'opéra; mais, au lieu de retours sombres, et amers peut-être, sur la dureté de leur condition, ils sentent soulager le poids de leurs fatigues. Ces simples accords sont comme une fleur semée dans les sillons de la vie humaine. Ceux d'entre nous qui ont visité l'Allemagne ont été surpris de voir toute la part qu'a une musique simple aux divertissements populaires et aux plaisirs de famille, dans les conditions les plus pauvres, et ont observé combien son influence est salutaire sur les mœurs. J'ai souvent entendu en Italie un charretier, conduisant sa voiture, chanter sur les grandes routes quelques stances du Tasse, des portefaix célébrer notre Renaud dans les strophes de l'Arioste, sans que le fardeau parût plus pesant ni que la charrette versât. Nous voyons les habiles professeurs qui restaurent l'éducation gymnastique unir avec succès le chant aux mouvements qui demandent de grands efforts ou une grande précision. Nous avons tous vu, à l'armée, la musique et les chants nous rendre des forces dans les marches forcées, nous ranimer au besoin, et préluder à d'héroïques efforts. Les vainqueurs de Fleurus vous raconteront qu'ils chantèrent en chœur quand, au travers d'une grêle meurtrière, ils emportèrent d'un pas rapide et d'un front serein cette batterie redoutable, dont la prise décida de la victoire.

N'appréhendez point, Messieurs, que je remonte ici au souvenir de la Grèce, à la puissance qu'exerçait la musique chez les anciens; je me borne à indiquer des faits actuels et familiers. La musique qui, aux yeux de quelques-uns, n'est que le délassement du riche, est un utile auxiliaire pour les efforts d'une vie laborieuse; non-seulement elle soutient et délasse, mais elle règle les mouvements; en les rendant plus harmonieux, elle les rend plus faciles. Il est un grand nombre d'arts dans lesquels les mouvements de l'ouvrier ont besoin d'une grande régularité; dans tous les arts, ils sont d'autant moins fatigants qu'ils sont mieux cadencés. Vous avez sagement introduit dans les écoles le dessin linéaire, comme un exercice utile pour donner de la précision à l'œil et à la main. Ne serait-il pas permis de penser qu'un peu de chant en serait le complément naturel et concourrait au même but? Ce serait presque une portion essentielle de l'éducation physique, celle qui forme les organes des sens.

Si nous considérons ensuite que la grossièreté des mœurs est, dans les classes inférieures de la société, l'une des sources les plus abondantes des vices, regarderons-nous comme indifférent tout ce qui peut les tempérer d'une manière insensible? ne nous accordera-t-on pas que l'exercice d'un chant simple pourra y concourir efficacement? L'harmonie est une sorte de lien entre l'ordre moral et la vie animale. Elle est un langage qui enseigne les sentiments doux et bienveillants; elle porte la sérénité dans l'esprit; elle accoutume à goûter tout ce qui est ordonné; ainsi l'arrangement, la propreté, l'économie, semblent en quelque sorte marcher à sa suite. Il paraîtrait que le goût du chant devrait être parmi nous un goût populaire, que l'habitude de ces exercices serait éminemment dans les mœurs françaises. Pourquoi cependant la France, placée entre l'Allemagne et l'Italie, connaît-elle moins que ces deux contrées l'usage général d'exercices semblables? Ne serait-ce point parce qu'ils sont inconnus dans nos écoles?

Je ne dirai point tout l'avantage qu'on en pourrait tirer dans les cérémonies religieuses et dans une foule d'autres circonstances; je ne ferai point sentir avec quelle utilité ils pourraient, dans les heures du repos, remplacer des plaisirs souvent funestes à la santé et aux bonnes mœurs. Qui ne les préfèrerait aux jeux de hasard, aux cris du cabaret? Du moins, ils ne ruineraient aucune bourse et n'exciteraient aucune rixe; et si, en même temps qu'on s'occupe de rédiger des livres populaires, des hommes de bien et des gens d'esprit s'occupaient aussi de composer des chants populaires, combien de sentiments utiles ne pourrait-on pas propager ainsi, ou entretenir d'une manière insensible? J'ai supposé que les auteurs de ces chants seraient des gens d'esprit, et je l'ai dit à dessein; car il faut beaucoup plus d'esprit qu'on ne croit pour savoir bien faire des choses simples.

Voyez du moins comme de semblables exercices s'allieraient naturellement et heureusement à ceux qui se succèdent dans nos écoles. Je suppose qu'ils ouvriraient chaque classe du matin et du soir, et qu'ils la termineraient aussi. A l'ouverture, ils accroîtraient encore l'hilarité qu'on remarque déjà chez nos élèves, garantiraient leur assiduité par l'attrait du plaisir, porteraient la sérénité dans ces jeunes têtes, inspireraient les dispositions les plus favorables pour cette suite d'actions et de mouvements qui doivent se développer avec ordre, harmonie et ensemble. A la fin de la classe ils seraient une récompense et un délassement. Si nous parvenons à instituer les écoles du dimanche, ils y joueront un grand rôle et seront le premier moyen pour les faire réussir.

Ces exercices seraient en quelque sorte une expression sensible de l'esprit qui anime toute notre méthode.

Et, lors même qu'ils ne contribueraient qu'à rendre nos enfants heureux, j'avoue que ce motif serait d'un grand poids à mes yeux. *Enfance et bonheur* sont deux choses qui vont si bien ensemble ! le bonheur dans le jeune âge est souvent une semence pour les bonnes qualités dans l'age mûr. Et puis, donnons toujours du bonheur quand l'occasion s'en présente ; il n'y en aura jamais de trop, et il est bon ici de prendre ses avances ; la vie est courte !

Si, après nous avoir reproché de faire nos enfants trop habiles, on nous reprochait un jour de les rendre trop heureux, je m'y résigne pour ma part et je prends volontiers condamnation ; je dirai plus, j'ai souvent regretté que les jeux des enfants ne fissent point partie de ce qui remplit les heures dans les écoles publiques ; car ces jeux sont plus qu'on ne pense une partie de l'éducation. Notre méthode du moins y remédie à beaucoup d'égards, en associant le plaisir au travail, et c'est aussi certainement un de ses plus grands avantages.

L'idée que je présente serait-elle d'ailleurs si inexécutable ?

Devrais-je rappeler que, dans les écoles des frères de la doctrine et dans celles des sœurs de la charité, chaque matin et chaque soir une portion du temps est donnée aux cantiques ; que dans nos propres écoles on termine par chanter en chœur le *Domine, salvum ?* Déjà M. le préfet de la Seine a introduit dans l'école normale l'enseignement du plain-chant, pour que les maîtres puissent former des enfants de chœur. Je ne propose que de faire un pas de plus, d'ajouter quelques minutes le soir et le matin, d'égayer, d'embellir, d'animer votre ouvrage.

Oui, j'ose le croire, les chants de ces innocentes créatures seront des bénédictions pour vous ; en réjouissant vos oreilles ils attendriront vos cœurs.

Je ne me permets point d'ailleurs de présenter ici les moyens d'exécution. Je me borne à poser la question ; le moment me paraît en être venu : une expérience du moins, si le principe est agréé.

N° II.

EXTRAIT *du premier rapport présenté au Conseil d'administration de la Société pour l'enseignement mutuel, au nom de sa Commission spéciale de musique* [1].

Messieurs,

Quand M. le baron de Gérando vous a fait la proposition d'introduire *le chant élémentaire* dans les écoles du premier degré, vous avez tous été frappés de la justesse des vues développées par notre collègue, qui exerce avec tant de succès, au milieu de nous, l'honorable initiative de toutes les améliorations dans l'enseignement primaire. Il a fait voir l'influence heureuse que pourrait avoir une pareille pratique, et la connexion réelle qui existe entre un bon emploi du chant et le perfectionnement de la morale, but final de l'instruction et de tous nos efforts. Enfin notre collègue a montré dans l'expérience acquise les fruits qu'on pouvait espérer, et il a prouvé la possibilité par l'exemple. Que pourrait-on ajouter au tableau qu'il a tracé avec des couleurs si expressives, et dont vous avez tous gardé la mémoire? Ce serait une entreprise au moins superflue. Aucune personne judicieuse n'osera révoquer en doute le pouvoir de la musique, non-seulement sur les sens, mais sur le cœur et sur l'esprit, et personne ne saurait nier qu'elle ne contribue à entretenir la douceur des mœurs. Il n'est donc nullement question ici de discuter les avantages d'une proposition qui se défend d'elle-même, et que l'exemple de toute l'Allemagne, de l'Italie, et même d'une partie de l'Angleterre, justifie suffisamment. Il faut bien plutôt se réjouir de ce que l'établissement des écoles populaires fournit une occasion précieuse de répandre ce goût d'une manière plus générale; et, en développant parmi la génération nouvelle une faculté qui ajoute à la douceur et à l'agrément de la vie, d'introduire en même temps des chansons morales et religieuses, et des chants qui inspirent l'affection envers le prince et envers la patrie.

Tout ce qui reste véritablement à examiner, c'est: 1° le mode suivant lequel il sera possible de faire entrer le chant parmi les exercices des écoles élémentaires, sans troubler les autres études; 2° laquelle des méthodes musicales actuellement en usage

(1) Journal d'éducation, tome VIII, page 239.

peut s'appliquer immédiatement au besoin et à l'organisation des écoles.

A l'égard de la première question, nous sommes convaincus que ce serait nuire à l'existence des nouveaux établissements, et même leur porter un coup funeste, que de sacrifier aucune des heures conacrées par l'usage à l'instruction fondamentale et essentielle, savoir : la lecture, l'écriture et le calcul. Quelque prix que nous attachions à l'introduction du chant, nous le regardons seulement comme un accessoire utile; on doit donc chercher, hors des heures de classe, le temps qu'il faudrait y affecter. Deux moyens satisfont à cette condition; l'un, c'est d'employer une heure, soit toute l'année, entre les classes, soit en été, après celle du soir ; l'autre, c'est d'employer le jeudi et le dimanche. Les deux moyens ne sont point opposés, ils peuvent même s'associer ensemble. On n'objectera pas que, le dimanche, les enfants sont appelés à l'église, puisqu'au contraire ils se préparent, avant de s'y rendre, aux chants religieux; aujourd'hui les élèves chantent aussi à l'église; toute la différence sera qu'ils chanteront juste.

On objectera encore moins que les enfants ne peuvent être au travail que cinq ou six heures par jour. Le chant n'est point un travail ni une occupation capable de fatiguer. C'est l'exercice d'une faculté tout autre que celle qu'on a mise en jeu le reste du jour et qui n'a presque aucun rapport avec elle. Ne sait-on pas que la succession des exercices différents est un véritable repos? L'enseignement mutuel est en partie fondé sur ce principe, qui est de toute évidence. A plus forte raison le chant, qui n'est point une occupation sérieuse, apportera du délassement et du plaisir, bien plus qu'une fatigue nouvelle.

On se plaint, avec raison, de ce que l'intervalle entre les deux classes, de midi à deux heures, est beaucoup trop long, qu'il en résulte de graves inconvénients sous plusieurs rapports essentiels. Pourquoi ne prendrait-on pas la moitié de ce temps perdu pour l'occuper utilement?

A la vérité, les écoles vulgaires accordent deux heures d'intervalle entre les classes; mais la Société n'est point habituée à consulter la routine et à la prendre pour guide. Si donc on ne demande point des progrès rapides dans l'enseignement du chant, on peut se contenter d'y consacrer une heure, soit depuis midi et demi jusqu'à une heure et demie, soit le soir en été après la classe. Rien n'oblige de multiplier ces exercices; mais si cela était nécessaire, on y ajouterait ceux du jeudi et du dimanche avant d'aller à l'église.

Autant l'introduction du chant dans nos écoles est favorable et facile, autant il est malaisé de trouver aujourd'hui une méthode toute faite et immédiatement applicable. Dans le grand nombre de celles qui existent pour apprendre la musique vocale, il faut d'abord éliminer nécessairement toutes celles qui reposent sur l'enseignement individuel. En voulant les approprier à nos besoins, on ne ferait qu'une chose très imparfaite; les instituteurs, et peut-être les élèves eux-mêmes, s'étonneraient d'un contraste choquant. Mais depuis que l'on a découvert le véritable mode de communication des connaissances élémentaires, de bons esprits ont senti la possibilité de s'en servir pour enseigner les éléments de la musique et le chant. Le premier auteur en date est M. Choron qui, dès 1814, a fondé, cour du Commerce, deux écoles de soixante garçons et de soixante filles ; il divisait les enfants en quatre classes graduées ; ceux-ci chantaient, simultanément, autant de parties concertantes; le plus fort des élèves battait la mesure et conduisait les quatre classes sous les yeux du professeur. Le but principal était la lecture de la musique, on ne s'occupait point de l'écriture; les *intonations* et la *durée* étaient l'objet des leçons.

Appelé au tableau, chaque enfant s'exerçait à définir les intervalles et les différentes divisions du temps; mais il manquait des tableaux gradués de lecture musicale pour être exécutés en cercle; ces écoles, assez long-temps florissantes, et dont le Journal de la Société a rendu compte, ont été transportées aux Menus-Plaisirs, et depuis, le gouvernement a confié à M. Choron la direction d'un pensionnat de jeunes enfants qu'il enseigne par la *méthode concertante;* plusieurs sont devenus des sujets d'une grande force.

Quelque temps après, M. Massimino a élevé un établissement qui a obtenu des succès marqués. Il enseigne simultanément la lecture et l'écriture de la musique. On loue avec raison les exemples de chant qu'il a choisis, et qui sont généralement faciles et mélodieux ; mais on cherche dans sa méthode le principe de la communication réciproque[1].

Mademoiselle Regnaut d'Alain, connue par son goût et son talent, a ouvert des écoles de musique vocale, qui sont également suivies. Elle a emprunté plusieurs procédés à l'enseignement mutuel ; mais ce n'est point encore une méthode applicable aux écoles populaires.

Il faut en dire autant de plusieurs professeurs qui ont cherché à introduire le nouveau système dans l'enseignement musical, ou qui ont prétendu l'avoir fait; mais il est visible que cette méthode leur est absolument étrangère. C'est le malheur (il faut le

(1) Voyez l'extrait du rapport spécial fait sur la méthode de M. Massimino, n° V de ces pièces.

dire) de la plupart de ceux qui ne craignent pas d'annoncer journellement au public qu'ils apprennent la grammaire, les langues, l'histoire, la géographie, le dessin et les mathématiques, par le mode de l'enseignement mutuel, et qui ne seraient pas en état de servir de moniteurs dans les écoles du bas âge.

Pour abréger la liste des méthodes musicales, plus ou moins conformes à nos procédés, nous arrivons promptement à celle de M. B. Wilhem, professeur dans un des colléges royaux de Paris, connu par des ouvrages depuis long-temps appréciés des amateurs. Ce professeur habile avait introduit dans l'enseignement, avant 1814, quelques pratiques heureuses et qui ne sont pas sans analogie avec le nouveau système. Averti que la Société songeait à accueillir les éléments du chant dans ses écoles, il a cherché à résoudre le problème dans toute sa généralité. La tentative qu'il a faite mérite de fixer l'attention du conseil; un exposé succinct pourra en faire juger.

Le caractère de notre méthode est, 1° dans une classification rigoureuse; 2° dans l'usage des tableaux gradués; 3° dans l'enseignement simultané de tous les élèves, les uns après les autres. M. Wilhem divise les siens en huit classes bien distinctes. Il a des tableaux pour chacune, composés de manière à ce que les enfants, rangés aux demi-cercles, procèdent à peu près comme dans la lecture ordinaire. Enfin les classes, soit dans les bancs, soit aux demi-cercles, sont conduites entièrement par des moniteurs. Le maître, ou le moniteur général, dirige les enfants comme à l'ordinaire; il ordonne les marches et les manœuvres; il se sert des signes et des mouvements accoutumés; enfin, de temps à autre, il fait résonner le diapason pour ramener les voix qui s'égarent. Toutes ces formes sont bien celles de l'enseignement mutuel, et jusque là tout est simple et facile à saisir; le reste exige un peu plus d'attention.

Au premier abord, on se demande comment il est possible d'apprendre la musique par ce mode; en effet, la simultanéité dans la lecture des syllabes ou des phrases n'entraîne aucune conséquence fâcheuse, de quelque manière que l'enfant prononce ou articule, abaisse ou élève la voix. Ici les intonations varient à chaque exemple, à chaque cercle; ne faut-il pas craindre une horrible cacophonie de tant de sons simultanés, même en supposant que tous les élèves chantent juste? Certes, la difficulté n'est pas très petite de parer à cet inconvénient. Les quatre classes de la *méthode concertante* de M. Choron ont été faites pour y remédier; mais la subdivision des degrés est insuffisante, surtout dans une école nombreuse. Voici comment M. Wilhem est parvenu à résoudre la question. Les enfants aux cercles ne sont pas plus nombreux que dans nos écoles. La deuxième classe chante sur ses tableaux [1]; pendant ce temps toutes les autres analysent la valeur des intervalles ou bien lisent en mesure *sans intonation.*

(A la suite de ce rapport est le détail des exercices successifs et simultanés des classes de chant; nous renvoyons pour cet objet à l'exposé sommaire ci-après à la suite de l'introduction aux développements du *Guide.*)

Ainsi les conditions principales de l'enseignement mutuel et de l'arrangement des études dans nos écoles sont remplies par le plan de M. B. Wilhem.

Il est à désirer que ce professeur soit invité par le conseil à faire des essais de sa méthode dans l'une des écoles de Paris, à laquelle il voudrait bien donner ses soins désintéressés.

Le conseil jugera sans doute aussi convenable d'engager M. le préfet de la Seine à introduire le chant dans les écoles élémentaires entretenues aux frais de la ville de Paris, en transmettant à ce magistrat une copie de la proposition qui lui a été faite par M. de Gérando, et la délibération qui aura été prise à ce sujet.

Paris, le 17 août 1819.

Signé : FRANCOEUR, JOMARD, rapporteur.
le comte DE LASTEYRIE; le baron DE GÉRANDO.

N° III.

RAPPORT *sur l'enseignement du chant à l'École de la rue Saint-Jean-de-Beauvais, par une Commission formée de MM. le baron* DE GÉRANDO, JOMARD, MAINE DE BIRAN, *le comte* DE LASTEYRIE, FRANCOEUR, LE BOEUF *et* MOREL [2].

Paris, le 29 mars 1820.

MESSIEURS,

Vous avez chargé une Commission spéciale d'examiner les diverses méthodes de chant élémentaire. Après avoir assisté, le 12 août dernier, dans l'école de M. Lahaye (île Saint-Louis), à un exercice général de huit classes conduites selon la méthode de M. Bocquillon-Wilhem, elle vous a fait, le 17 du même mois, par l'organe de M. Jomard, un rapport sur cette méthode; elle vous a demandé, et vous avez consenti, que les pro-

(1) L'un des tableaux était celui de *la portée à compartiments*, transformée depuis en *Indicateur-Vocal* avec clefs et notes mobiles.

(2) Journal d'éducation, tome IX, page 202.

cédés de M. B. Wilhem, pour l'enseignement de la musique, fussent appliqués, comme essai, dans l'école de la Société. Vous avez jugé que s'il n'était pas indispensable aux enfants pauvres de savoir chanter avec goût, c'est du moins une occupation aimable, une récréation qui leur sera agréable, en même temps qu'il en résultera des avantages pour la famille entière et pour la propagation des méthodes que vous avez adoptées. Les Français sont naturellement gais; leur goût, leur caractère, les invitent à accompagner leurs travaux des accents de la voix et de chants dont la mesure règle leurs mouvements et rend leurs efforts moins pénibles. Il était fâcheux de voir qu'une aussi heureuse disposition ne fût par mieux dirigée, et que notre nation n'imitât point les Italiens et les Allemands, si renommés par leur goût musical; il est pénible d'avouer que nos hommes du peuple n'ont dans leur mélodie ni grace ni méthode, et que leurs chants sont durs, tristes et sauvages. Pourquoi, d'ailleurs, laisser à des étrangers le droit d'imposer leurs chanteurs à toute l'Europe et à nous-mêmes? La nature, aussi féconde en nos climats en êtres bien organisés, y produira autant de bons musiciens que sous un autre ciel, lorsque l'enseignement, répandu partout, permettra de distinguer les hommes qu'elle a doués des facultés que cet art exige, de les tirer du rang où ils sont nés, et, par conséquent, d'ajouter à leur bonheur, aussi bien qu'aux ressources publiques.

Les méthodes d'enseignement que vous répandez offraient, Messieurs, une occasion favorable de donner une meilleure direction au penchant que notre nation montre pour la musique: M. le baron de Gérando vous a peint les divers avantages qu'on pouvait retirer de la musique, pour augmenter le nombre des amis des nouvelles méthodes, pour animer la gaîté des enfants, pour mêler leurs voix aux chants religieux, enfin, pour régler avec plus d'ordre et de solennité nos évolutions scolaires; il vous a fait, à ce sujet, une proposition que vous avez adoptée.

M. B. Wilhem, compositeur de musique et habile professeur, qui possède un talent véritable, surtout celui qui est si rare chez les artistes, de savoir exprimer et faire concevoir leurs idées; M. B. Wilhem s'est chargé de fonder gratuitement l'enseignement de la musique sur des procédés qui lui sont propres, et qu'il dirige entièrement d'après la méthode mutuelle et simultanée dont il a fait plusieurs applications dans l'institution de M. Isidore Guillet, rue Saint-Louis, près la place Royale. C'est de l'ensemble de son travail et du résultat qu'il a obtenu, que votre Commission va vous faire l'exposé.

Vous aviez décidé, d'abord, que l'essai serait tenté dans l'école de la rue de Popincourt; mais l'éloignement rendait cette tâche trop pénible pour M. Wilhem, et c'est l'école de la rue Saint-Jean-de-Beauvais qui a été préférée. D'après la demande que vous en avez faite à M. le préfet de la Seine, c'est dans ce dernier établissement que les leçons de chant ont été données depuis quelques mois, à des jours fixés, et dans le temps de repos qui est accordé entre les classes.

Déjà plusieurs habiles artistes ont dirigé leurs tentatives vers le même but que M. B. Wilhem; mais, malgré leurs talents, nul n'a jusqu'ici pu réussir. Les commissaires n'ont vu, dans ces divers essais, que des procédés plus ou moins imparfaits et compliqués, pour donner un enseignement simultané. Depuis un temps immémorial de semblables procédés étaient en usage dans toutes les cathédrales de l'Europe, pour y former les chanteurs nécessaires au culte, lesquels bien souvent échappaient à leur destination pour venir orner nos théâtres. Des maîtres ordinairement très exercés créaient des musiciens par divers moyens qui, plus ou moins semblables, atteignaient tous le but de donner à la fois l'instruction à une classe entière. Cette méthode, qui exigeait un très long apprentissage, n'avait d'ailleurs rien de commun avec celle que nous avons été chargés d'examiner.

On ne doit donc pas être surpris si presque tous les établissements nouveaux, présentés comme propres à enseigner la musique par la méthode mutuelle, ont d'abord été très accueillis ; les élèves se sont portés en foule dans des classes où on promettait une instruction rapide, selon une méthode dont le titre faisait la première recommandation, parce qu'on avait reconnu qu'elle développe promptement les facultés de l'enfance. On espérait en retirer les mêmes avantages pour le chant que pour la lecture et l'écriture, et on croyait pouvoir ainsi improviser des musiciens sans dégoût ni travail. Mais le public est bientôt revenu de son empressement; il n'a vu dans ces classes qu'une instruction simultanée, qui, bien qu'elle puisse être excellente pour l'objet qu'on s'est proposé, n'en est pas pour cela plus prompte dans ses effets, quand on l'étend au-delà d'un cercle trop borné. En un mot, il n'y a pas dans ces classes d'enseignement mutuel proprement dit, mais un abus des termes et de quelques usages de nos écoles.

M. B. Wilhem a marché sur des traces différentes ; c'est véritablement un enseignement mutuel qu'il a organisé. Chaque classe écrit sur l'ardoise les notes que dicte le moniteur, et chante ensuite sa phrase musicale. Les notes sont dictées sans intonation et au moyen de l'*Indicateur-Vocal*. Ce procédé nouveau permet d'écrire simultanément, et sans confusion, les parties séparées d'une partition dont les classes font entendre l'ensemble à première vue, quand elles sont arrivées à un certain degré d'avancement. Pendant ces dictées, une autre classe chante à l'unisson ou en parties.

On distingue, surtout dans le chant, deux choses principales: la durée et l'intonation des sons. On a coutume de présenter aux élèves cette idée complexe, ce qui rend l'étude plus difficile. M. B. Wilhem a parfaitement séparé l'enseignement de ces deux notions musicales. On est convenu d'écrire les sons par des signes ou *notes* placées sur ou entre cinq lignes parallèles formant une *portée;* au besoin, on ajoute à ces lignes d'autres parallèles, soit au-dessus, soit en dessous, pour se prêter à toute extension des sons, du plus grave au plus aigu; chacune de ces notes indique une intonation, selon le degré où elle se trouve sur la portée, et elle a un signe qui en annonce la durée. Ce sont ces deux études que M. B. Wilhem a rendues plus faciles en les séparant, et même en remplaçant les notes par des signes propres à parler aux yeux. Il figure l'échelle diatonique par un escalier dont on semble parcourir les degrés à mesure que la voix monte ou descend. Cette idée simple est parfaitement à la portée de l'enfance, qui la saisit et l'applique de suite.

Pour donner l'habitude de lire les notes, l'usage des clefs et l'exercice des transpositions, M. B. Wilhem se sert d'un tableau qu'il nomme *Indicateur-Vocal*, sur lequel sont tracées les lignes de portée, coupées par quatre traits perpendiculaires, qui forment trois compartiments pour placer les notes naturelles, diésées et bémolisées; l'appareil est complété par trois clefs mobiles et huit notes également transposables. L'enfant nomme et chante la note dont on lui indique la place par un geste; c'est une chose intéressante de voir comment, à de simples mouvements de la baguette du maître ou du moniteur, l'enfant répond en proférant les sons vocaux qu'on lui a indiqués, comme s'il les avait vus écrits. Cette partie du travail de M. B. Wilhem est une chose neuve et ingénieuse, destinée à obtenir le succès dû aux inventions utiles. Aussi les enfants font-ils, par cette voie, des progrès rapides, dont nous pouvons apprécier les résultats. La méthode de M. Choron, qui a plusieurs fois été citée honorablement dans le Journal d'Education, diffère de celle de M. B. Wilhelm, en ce que, dans la première, pendant l'exécution des *duo*, *trio*, *quatuor*, etc., chacune des quatre classes ne s'exerce que sur des valeurs de mesures déterminées et qui lui sont propres, tandis que dans la seconde, les valeurs des parties sont variées et très mêlées. Au reste, les procédés et les moyens d'enseignement diffèrent absolument dans les deux méthodes.

Vous concevez, Messieurs, que nous devons renoncer à exposer ici chaque partie du plan suivi par M. B. Wilhem, dans l'impossibilité de le faire concevoir par des paroles. En assistant à un de ces exercices, on comprend à l'instant ce qui eût échappé à l'esprit guidé par la seule analyse verbale. S'il est vrai que les théories musicales ne peuvent être entendues qu'en les éclaircissant par de nombreux exemples, qui montrent la pratique des règles, à plus forte raison doit-on désespérer de concevoir, sans ce secours, des innovations ingénieuses dont le mécanisme et l'ensemble sont fondés sur l'exercice. Il ne nous reste donc, Messieurs, qu'à vous inviter à assister comme témoins à cette classe intéressante, en renvoyant, pour la division du travail entre les huit classes, au premier rapport que vous a soumis votre Commission.

C'est au mois d'octobre dernier que M. B. Wilhem a été chargé de diriger l'école musicale; des motifs de santé l'ont forcé d'interrompre ses leçons pendant un mois; si on compte les pertes de temps inséparables de la fondation d'une méthode nouvelle, dont les parents des enfants se refusaient à faire l'essai, on verra qu'il n'y a eu environ que deux à trois mois de travail utile, pendant quatre à cinq heures par semaine. Nous avons vu cependant des enfants du peuple, qui étaient dans l'ignorance la plus complète des principes de l'art musical, écrire sous la dictée des phrases musicales simples, les chanter en chœur et en parties, et même servir à leur tour de guides et de soutiens aux voix de la classe entière, qui à l'entrée et à la sortie de la salle exécutent leurs évolutions en faisant entendre, avec précision et un accord de voix très doux, des chants moraux ou religieux retenus par toute l'école sans aucune leçon ni préparation musicale, et par le seul empire de l'imitation. Le *Salvum fac Regem* entre autres est exécuté quelquefois avec un ensemble étonnant.

Il n'est pas inutile d'ajouter ici que la musique d'un certain nombre de ces chants est composée de telle sorte que les enfants font à leur insu l'étude spéciale d'un intervalle déterminé, dont chacun de ces mêmes airs est le type, et leur est rappelé comme tel en temps convenable.

M. Morel, auteur d'un traité estimé sur la musique et juge éclairé de cette matière, avait été prié de s'adjoindre à la Commission; après avoir reconnu les difficultés que présentait l'application de la méthode mutuelle à l'art du chant, il avoue que M. B. Wilhem les a entièrement vaincues. La précision dans l'exécution et les connaissances musicales dont les jeunes élèves ont donné des preuves incontestables, dans les exercices dont il a été témoin, lui paraissent des garants certains de la science et du zèle du professeur, ainsi que de la généralité des succès que l'on peut se promettre de sa méthode.

M. Perne, inspecteur-général et bibliothécaire de l'École royale de musique, porte le même jugement; par l'amour de l'art et dans l'intérêt des écoles musicales, il a examiné la méthode de M. B. Wilhem, dans toutes ses parties, avec impartialité. M. Perne « est resté convaincu (ce sont ses propres expressions) « que les procédés pour faire connaître les intervalles et la du- « rée des sons, ainsi que l'escalier vocal, la manière de faire « démontrer ostensiblement, par les élèves, la différence entre « les tons et les demi-tons, sont des plus simples à concevoir et « à exécuter, en même temps qu'ils sont des plus significatifs. « La disposition totale de l'enseignement en fait un tout capable « d'amener les enfants à l'employer *simultanément* et *mutuellement*, « et cela avec une telle connaissance de cause, qu'il leur est aussi « impossible de se tromper dans cet enseignement musical « que dans les autres, qui jusqu'ici font partie de l'école mu- « tuelle. »

Des témoignages aussi honorables appellent impérieusement les vôtres, et vous les accorderez, Messieurs, plus volontiers encore, lorsque vous saurez ce qu'il en a coûté de peines et de sacrifices pour les mériter. Malgré le dérangement de sa santé, M. B. Wilhem a rempli gratuitement les fonctions pénibles qu'il avait acceptées, afin de pouvoir établir publiquement sa méthode et en prouver les avantages par le fait. L'idée première d'une portée sans note paraît devoir être attribuée à *Sebalde Heyden*, qui vivait en 1537; jusqu'ici cette pensée est restée stérile, et c'est une suite d'expériences commencées depuis longtemps par M. Wilhem, ainsi qu'il nous en a donné des preuves, qui l'ont conduit à faire revivre l'idée de Sebalde Heyden, et à la fertiliser. D'ailleurs, les clefs et notes mobiles, le mode d'indication des demi-tons accidentels qui font le principal mérite de cet indicateur, n'appartiennent point à Sebalde Heyden. L'équité nous oblige donc, Messieurs, à constater le mérite et l'époque de l'emploi de l'*Indicateur-Vocal*, et nous avons l'honneur de vous proposer... (suivant les conclusions mentionnées dans la lettre suivante).

N° IV.

EXTRAIT *d'une lettre de MM. le Président et Secrétaires de la Société pour l'enseignement élémentaire, à M. B. Wilhem.*

Paris, le 30 mars 1820.

MONSIEUR,

La Commission chargée de suivre les travaux que vous présidez à l'école de la rue de Saint-Jean-de-Beauvais, d'en examiner les détails et de rendre compte des résultats de votre nouvelle méthode, en a reconnu les avantages et s'est empressée d'applaudir à vos efforts et au zèle dont vous faites preuve. Le témoignage qu'elle en a rendu par l'organe de M. Francœur a entraîné l'approbation unanime du Conseil d'administration de la Société, et nous sommes heureux d'être chargés de vous exprimer sa reconnaissance et de vous transmettre le résultat de sa délibération.

La Commission a remarqué que ce qui fait le principal mérite de votre *Indicateur-Vocal* consiste dans les clefs et notes mobiles, ainsi que dans le mode d'indication des demi-tons accidentels. Or, cette invention n'est réclamée par personne, et vous restez le possesseur de ce qu'il y a de vraiment remarquable dans cette partie de vos procédés.

Le Conseil, délibérant sur les conclusions du rapport, les a adoptées unanimement dans les termes suivants.

1° L'essai d'enseignement musical fait par M. Bocquillon-Wilhem, dans l'école de la rue Saint-Jean-de-Beauvais, est approuvé; *la méthode dont il a été fait usage est adoptée pour toutes les écoles mutuelles.*

2° M. B. Wilhem sera félicité sur les succès qu'il a obtenus et remercié du zèle dont il y fait preuve et des sacrifices qu'il a faits; il sera prié de continuer ses soins.

3° Les tableaux et pièces manuscrites qui contiennent les développements de ces procédés seront contre-signés par le bureau, afin de constater l'époque où ils ont été rendus par l'application.

4° Le rapport sera inséré au Journal de la Société.

5° Enfin, une copie de ce rapport sera transmise à S. Exc. le Ministre de l'intérieur et à M. le Préfet du département de la Seine.

Signé : Le duc de LA VAUGUYON, président;
Le comte de LASTEYRIE, vice-président;
Le duc de DOUDEAUVILLE, président honoraire;
Le duc de LA ROCHEFOUCAULD, président honoraire;
Le baron de GÉRANDO, secrétaire général;
JOMARD et FRANCŒUR, secrétaires.

N. B. Son Exc. le Ministre de l'intérieur et M. le Préfet du département de la Seine ont donné leur assentiment à cette délibération de la Société, et après avoir visité l'école où la méthode a été mise en pratique, ils ont encouragé la publication de l'ouvrage par la souscription du ministère de l'intérieur et par celle de la préfecture du département de la Seine. M. B. Wilhem doit compter aussi parmi ses récompenses honorables l'avantage d'avoir été appelé à la *Société des méthodes d'enseignement*, et d'être admis au nombre des membres de l'un des comités composant le conseil de la *Société pour l'instruction élémentaire.*

N° V.

EXTRAIT *du Rapport fait par* M. Francoeur, *au nom du Comité des méthodes de la Société d'instruction élémentaire, au Conseil d'administration*[1]. (Séance du 6 décembre 1820.)

Messieurs

M. Massimino vous a adressé, il y a quelque temps, un solfége dont il est auteur, et qu'il prétend être propre à l'enseignement de la musique, par la méthode mutuelle. Le conseil ayant reconnu, par le rapport qui lui en a été fait, que cette prétention n'est pas fondée, a renvoyé ce solfége à la Société des méthodes d'enseignement, comme rentrant plus particulièrement dans l'objet dont elle s'occupe. Cette Société en a fait un examen attentif, et sa décision s'est accordée avec la vôtre, en ce qui concerne la méthode mutuelle.

M. Massimino s'est adressé au Ministre de l'intérieur pour se plaindre de votre oubli; S. Exc. demande l'opinion de la Société sur l'emploi que l'on pourrait faire de cette méthode dans l'une des écoles mutuelles de Paris.

Le Comité s'est plus que jamais convaincu que la méthode de M. Massimino n'est point propre à l'enseignement mutuel. On est même fondé à croire que cet artiste ne connaît pas l'esprit de ce mode d'instruction.

Ce qui confirme le Comité dans cette opinion, c'est que M. Massimino, dans sa lettre au Ministre de l'intérieur, se plaint des nombreux plagiats dont sa méthode a été le sujet, et déclare que celle de M. Wilhem en est la preuve. Ce comité, qui connaît parfaitement ces deux méthodes, n'y trouve rien de commun, que le titre sous lequel elles sont présentées au public, titre que M. Wilhem justifie parfaitement et que tous les suffrages environnent. Votre approbation, Messieurs, est la preuve que le mode de M. Wilhem s'accorde parfaitement avec le mode d'enseignement mutuel.

La méthode de M. Wilhem et celle de M. Massimino sont différentes sous tous les points; elles ne reconnaissent pas plus l'une que l'autre de limites aux notions musicales; et, quoique la première n'ait encore, vu le peu de temps depuis lequel on l'a mise en activité, été appliquée qu'à des chants simples, elle peut s'élever à tous les genres de difficultés. L'autre n'est qu'une

(1) Journal d'éducation, tome II, page 109.

sorte d'enseignement collectif ou simultané, qui exige la présence, le zèle et le talent du maître, et réunit toutes les qualités et les défauts du mode auquel il se rapporte. Mais la méthode de M. Wilhem consiste essentiellement à faire passer l'instruction d'un élève à l'autre, et peut, comme toutes les autres branches d'enseignement admises dans vos écoles, se passer des leçons directes du maître, qui n'enseigne que par ses moniteurs.

N° VI.

EXTRAIT *d'un rapport fait par la Société pour l'instruction élémentaire à S. Exc. le Ministre de l'intérieur.* (Décembre 1820.)

Tel est le système des écoles mutuelles, que c'est par l'intermédiaire seul des moniteurs que l'instruction se transmet d'un élève à un autre. La présence du maître n'est indispensable que pour l'ordre et la discipline. Toute méthode qui exige l'action immédiate du maître ne peut s'appliquer à l'enseignement mutuel.

En second lieu, la classification doit être rigoureuse, et les subdivisions multipliées, autrement les progrès sont moins sûrs et moins rapides.

En troisième lieu, les moyens doivent être simples et faciles à rencontrer; un instrument, tel que le piano, par exemple, serait un meuble de luxe dans une école publique; d'ailleurs, la distribution intérieure des écoles rendrait son emploi impraticable, et l'effet en serait nul pour les cercles éloignés.

Enfin, ce n'est qu'au moyen de tableaux bien gradués, et dont chacun renferme une leçon complète, que les notions de chant ou de dessin, aussi bien que celles de lecture, d'écriture, de calcul ou de grammaire, peuvent se communiquer d'un enfant à un autre; l'enseignement mutuel ne connaît pas d'autres moyens sûrs de transmission.

Ces conditions ne sont pas remplies dans les procédés que suivent les auteurs des Traités élémentaires de musique que la Société a eus à examiner, et elles entrent toutes au contraire dans la méthode de M. B. Wilhem. S'y astreindre pour la musique vocale était une difficulté considérable, un problème qu'on a cru insoluble [1]. M. B. Wilhem est venu à bout d'y satisfaire à

(1) « Il faut observer, dit M. Choron (Notes relatives à la publication de sa « *méthode concertante*), que l'enseignement mutuel proprement dit, celui dans « lequel diverses classes réunies dans un même local reçoivent simultanément des

force de travail et de méditations. Non-seulement ses procédés sont neufs et ingénieux, mais ils sont exactement calqués sur les procédés de l'instruction mutuelle, et *applicables aux établissements de tous les degrés, aussi bien aux écoles populaires qu'aux écoles supérieures; c'est là son caractère propre.*

N° VII.

EXTRAIT *d'une lettre de S. Exc. le Ministre de l'intérieur à M. le Président de la Société pour l'instruction élémentaire, en date du* 15 *mai* 1821.

« D'après le compte qui m'a été rendu de la *Méthode élémen-* « *taire et analytique de musique et de chant*, et de l'intérêt que pré- « sentait cet ouvrage, j'ai souscrit, sur les fonds généraux, pour « un certain nombre d'exemplaires, que j'enverrai aux princi- « pales villes. Je crois, ainsi que vous, que l'art dont M. B. « Wilhem s'occupe ne peut trop se répandre, et je seconde- « rai, en ce qui dépendra de moi, les dispositions que la Société « que vous présidez sera dans le cas de faire dans ce sens. »

« différents moniteurs une leçon différente, est un procédé impraticable en mu- « sique, à cause de la cacophonie qui résulterait de l'audition simultanée de plu- « sieurs mélodies qui n'auraient point de rapport entre elles. » On a vu dans le rapport n° II comment la méthode échappe à cet inconvénient. Plus bas, M. Choron dit encore : « L'enseignement mutuel n'a jamais existé et n'a jamais pu exis- « ter en musique; ce que l'on a donné sous ce nom, ajoute-t-il, consiste dans quel- « ques procédés bâtards, etc. »

Cette opinion ayant été émise et imprimée sans date, avant l'adoption de la méthode d'enseignement mutuel publiée aujourd'hui, et les feuilles qui la comprennent se trouvant jointes à divers prospectus qui sont de nature à se répandre, nous devons consigner ici que M. Choron, après être venu visiter l'école-modèle de *chant élémentaire*, a porté publiquement, et en diverses circonstances, un jugement qui, conforme à celui de la Société, est par conséquent tout contraire à celui qu'il avait exprimé dans les citations que nous venons de rapporter.

FIN DE L'APPENDICE.

www.ingramcontent.com/pod-product-compliance
Ingram Content Group UK Ltd.
Pitfield, Milton Keynes, MK11 3LW, UK
UKHW021819190726
13853UKWH00003B/1064